Dife Zen An

Se

Dife Tou Limen Nimewo 14

Si w bezwen enfòmasyon sou liv yo ak brochi nou ekri yo, ou kap kontakte nou nan adrès sa yo :
Peniel Southside Baptist Church
P.O. Box 100323
Fort Lauderdale, Fl 33310
Phone: 954-242-8271
954-525-2413
Fax: 888-972-1727
Website :www.penielbaptist.org
Website :www.theburningtorch.net
E-mail:renaut@theburningtorch.net
E-mail :renaut_cyrille@hotmail.com

Copyright © 2017 by Renaut Pierre-Louis Tout dwa sou liv sa rezève @ Rév. Renaut Pierre-Louis

Atansyon : Se yon bagay ki kont la lwa si yon moun ta kopye liv sa ou byen yon pati nan liv sa nan nenpòt kèk fason, ke se swa nan enprimri, ou fòto, ou CD san w pa gen otorizasyon ekri sou papye de lotè liv la.

Liv nou yo ekri nan twa lang toujou : Franse, Angle ak Kreyol. Nou kap achte yo nan adrès sa yo :

Michel Joseph:
192-21 118 Rd St Albans, N.Y. 11412
Phone: 917-853-6481 718-949-0015

Rév. Julio Brutus:
504 Avnue I SE
Winter Haven, FL 33880
P.O. Box. 7612 Winter Haven, FL 33883
Phones: 863-299-3314; 863-651-2724

Rev. Edouard Georcinvil
725 NE 179th Terr N. Miami Bch, FL 33162
Phones: 305-493-2125; 305-763-1087

Rév. Evans Jules:
Eglise Baptiste Bethel
5780 W. Atlantic Ave   Delray Beach FL 33484
Phones : 561-452-8273 ; 561-498-2855

Iliana Dieujuste
2432 Indian Bluff Dr Dracula, GA 30019
Phones: 954-773-6572 ; 954-297-4656

Dife 14-Seri 1

Lanmou pou kretyen san mezi

Avangou

Nan Liv nimewo 9 la nou te wè « Lanmou Bondye nan tout dimansyon l». Piske Bondye fè lòm sanble ak li tèt koupe, pouki pou nou pa pale de tout relasyon l ak lòm kanmarad li?

Nan Seri saa nou pral wè fason Bondye mete pou nou viv ansanm, menm si gen diferans ak frè nou yo, jouk nou rive nan syèl la. An nou ale ansanm avè l.

Pastè Renaut Pierre-Louis

Leson 1
Lanmou fratènèl yon pati nan lanmou Bondye

Tèks pou preparasyon : Jan.8 :36 ; 13 :34-35 ; 14 :20 ; Galat.5 :22 ; 1Jan. 3 :14 ; 4 : 7-21 ;
Vèsè pou li nan klas la : 1Jan.4 :7-12
Vèsè pou resite: Men ki jan Bondye fè nou wè jan li renmen nou. Li te voye sèl pitit li a sou latè pou l' te ka ban nou lavi.1Jan.4 :9
Fason pou fè leson an : diskou, konparezon, kesyon
Bi leson an : Montre ke amou tout bon pou frè ak sè nou yo se yon manifestasyon Sentespri a.

Pou komanse
Lanmou pou kretyen se yon sijè ke anpil moun mal konprann. Gen moun menm ki pran l tankou se lanmou fanm ak gason. Ki jan nou menm nou dwe pran lanmou kretyen an?

I. **Lanmou kretyen se yon egzanp lanmou Bondye**
   1. Bondye bay prèv ke li renmen nou kant li prevwa tout sa ki nesesè pou l pran swen nou. 1Jan.4 :9
   2. Menm jan tou, li pa bon pou n di nou renmen Bondye si nou pa kapab montre sa nan byen nou fè a frè nou ak sè nou. 1Jan.4 :20
   3. Bondye bay prèv ke li renmen nou paske li respèkte libète nou. Jan.8 :36
   Nou pa kapab pale de renmen si n'ap maltrete frè nou ak pwochen nou nan move zak ak move pawòl ki soti nan bouch nou. 1Jan.4 :21

II. **Lanmou kretyen se prèv ke ou kite Sentespri a dirije w.** Galat.5 :22

Sentespri a mete lanmou sa nan kè nou. Se li ki fè nou apresye e respèkte prezans Bondye nan frè nou. Si frè nou an se yon kretyen li ye tou, lanmou sa ap pataje, lap miltipliye. 1Jan.4 :12

III. **Lanmou kretyen an se prèv obeyisans a Jezi, Senyè nou an.**
1. Li te mande nou sa nan denye mesaj li te bay disip yo avan l mouri. Jan.13 :34-35 «Li di : Men komandman mwen an : Se pou nou yonn renmen lòt menm jan mwen renmen nou.» Jan.15 :12
2. Bat jan nou kapab pou nou fè yon sèl ak mwen, ak papa m ak frè nou yo. Jan.14 :20

IV. **Lanmou kretyen se prèv konvèsyon nou.**
1. Li vle di ke nou konnen Bondye nan Jezikri, Senyè nou ak Sovè nou.1Jan.4 : 7
2. Nou bay prèv ke nou konvèti kan nou montre ke nou yonn renmen lòt. 1Jan.3 :14

Pou fini
An nou montre a frè nou yon moso nan amou Bondye ki nan nou. An verite, sa va fè l byen.

Kesyon

1. Ki sa nou kap di de amou kretyen?
   a. Se yon ti branch nan amou Bondye
   b. Se yon prèv ke nou kite Sentespri a dirije nou
   c. Se yon prèv ke nou fè volonte Jezikri.
   d. Se yon prèv ke nou konvèti tout bon vre.

2. Ki jan kèk moun mal konprann lanmou kretyen? Yo pran l pou lanmou fanm ak gason.

3. Ki jan Bondye bay prèv ke li renmen nou? Li sakrifye Jezi pou peye dèt peche nou.

4. Ki jan nou kap montre Bondye ke nou renmen l? Lè nou bay vi nou pou frè nou yo.

5. Mete yon ti mak devan bon repons yo.

    __ Lanmou se yon fòs __ yon pouvwa __ yon afè moun fèb __ yon pasyon chanèl __ yon prèv ke Sentespri ap dirije nou.

Leson 2
Lanmou kretyen nan jenerozite nou

Vèsè pou prepare leson an: Eza.58:7; Mat.6:15; 28:19-20; Lik.5:20; 6: 30-35; 10:5; Jan.3: 16, 35; 6:63; 14:27; 15:12; Tra.4: 32-34; Jak.2:15-16; 1Jan.3:17-18
Vèsè pou li nan klas la: Lik.6:28-36
Vèsè pou resite: Nenpòt moun ki mande nou kichòy, ba li l'. Si yon moun pran sa ki pou nou, kite l' pou li. Lik.6:30
Fason pou fè leson an: diskou, konparezon, kesyon
Bi leson an: Montre ke w pa kapab di ou renmen san w bay.

Pou komanse
Lanmou tout bon an pa yon santiman vag. Fòk li manifeste. Yon moun ka bay san l pa renmen, men li pa kapab renmen san l pa bay. Jan.3:16

I. **Bondye tèlman renmen ke li fè pi gwo kado a.**
   1. Kado sa saa se Jezikri. Li lage tout byen li yo nan men Jezikri pou l sa bay nou. Jan.3 :35
   2. Men Jezi mande nou pou nou separe yo ak lòt moun. Ezayi.58 :7 ; Lik.6 :30

II. **Tou dabò an nou wè bagay èspirityèl li bay nou:**
   1. *Padon :* Se premye swen **li bay** yon pechè : Lik.5 :20
      Konsa li mande nou pou nou padonen tou. Mat.6 :15
   2. *Lapè.* Li bay nou li nan relasyon nou ak Bondye e nan konsyans nou. Jan.14 :27

a. Kan Jwif la di w « Shalom », li vle swate w sekirite, sante, jwa, lèspwa, anfen yon vi san chagren.
b. Se sa Jezi mande pou nou ofri pwochen nou avan tout bagay. Lik.10 :5
3. ***Lavi.*** **Li bay** nou Pawòl ki vle di Espri ak la Vi. Jan.6 :63
Li mande nou pou nou bay menm Vi sa a pwochen nou pou yo sa gen la vi tou. Matye .28 :19
4. ***Lanmou.*** Li mande pou nou montre lanmou l a lòt yo, pou yo kapab swiv egzanp nou. Jan.15 :12

III. An nou gade sa kounyeya nan sans sosyal
1. Nou dwe pataje byen nou ak lòt dapre bezwen yo genyen. Travay.4 :32, 34
2. Konsa na montre nou gen fwa tout bon, dapre zèv nou. Jak .2 :15-16
   a. Jan rekomande nou pou nou pa renmen ak pawòl sèlman men se pou nou montre sa ak aksyon nou. 1Jan.3 :18
   b. Sonje pawòl Kris la : « Bay a nenpòt moun ki mande w kichoy ; pa janm fè pedka a pwochen ou » paske nou se frè menm papa nou ye. Lik. 6 : 30, 35

Pou fini
Se pa janm yon favè ou fè pwochen w kant ou pataje byen w avè l. Se yon vèsman ou fè a Senyè a sou dèt ou gen pou li ke ou pap janm ka fin peye a. Bat pou w fidèl nan regleman w pou Senyè pa kondanen w nan dènye jou a pou dèt ou te refize peye.

Kesyon

1. Ki jan Bondye montre nou lanmou?
   Nan tout sa li bay nou ki nan men Kris

2. Ki sa ki nan men Kris li bay nou ?
   Lavi, sante, padon, lapè, sekirite ak lajwa.

3. Ki sa Jezi mande pou nou bay frè ak sè nou yo?
   Yon pati nan balans ke nou dwe l ke nou pap ka peye a.

4. Mete yon mak devan bon repons la
   Kan nou rann yon moun yon sèvis,
   a. Se yon favè nou fè l.
   b. Nou pa dwe pèson anyen.
   c. Se yon amòtisman nou remèt Bondye sou dèt nou pap janm fin peye l.

Leson 3
Lanmou kretyen nan padon san poze kondisyon

Tèks pou preparasyon : Jenèz.12:11-17; Egzòd.3:1-9; Sòm.103 :12-14 ; Matye. 6 :12-15 ; 18 :22-35 ; Lik. 5 :20 ; 17 :4 ; Travay.20 :35 ; Kolosyen. 3 :13
Vèsè pou li nan klas la: Matye.18:15-22
Vèsè pou resite: Si nou padonnen moun lè yo fè nou mal, Papa nou ki nan syèl la va padonnen nou tou. Matye.6 :14
Fason pou fè leson an: diskou, konparezon, kesyon
Bi leson an: Ankouraje rekonsilyasyon san poze okenn kondisyon.

Pou komanse
Eske yon moun kap padonen yon moun 490 fwa? Eske se pa twòp tolerans? Ki sa Jezi vle di la?

I. **Bondye nou an bay egzanp padon.**
Moyiz te pase 40 lane lekòl devan Letènèl nan Sinayi. Li sèvi Bondye 40 an nan Dezè a. Li pa janm repwoche l lanmò Ejipsyen an! Egz.3 :1-9
1. Abraram te gen santan nan zanmitay ak Bondye. Eske w konnen li pa janm fè l sonje gwo manti li te fè sou madanm li a? Jenèz.12 : 11-17 Li bay fòt nou yo yon distans tankou Lès ak Lwès. Sòm.103 :12

II. **Pouki sa li padonen ?**
1. Paske l yon bon Papa. Li vle aprann nou padonen tankou li fè. Sòm.103 : 13
2. Li vle nou viv anfanmiy tankou frè ak sè, menm papa. Mat.6 :12
3. Li konnen feblès nou. Sòm. 103 : 14

4. Men si nou pa padonen, li di li pap padonen nou tou. Konsa n'ap bay Satan dwa sou nou. Mat.6 :14-15

III. **Pouki sa li mande pou n padonen jiska 490 fwa?** Mat.18 :22
1. Paske li konnen pap janm gen yon moun pou ofanse nou 490 fwa. Sa vle di pou nou toujou padonen. Bay sa vag.
2. Se paske nou dwe Kris pou dèt peche nou li padonen. Konsa Li gen dwa mande nou pou padonen lòt yo tou. Matye.6 : 12 ; Kol.3 :13
3. Li bay nou parabòl saa: yonn moun dwe waa di milyon dola. Li ta dwe pase 20 mil ane ap travay pou l peye dèt sa. Waa padonen l dèt la. Se menm nèg sa ki te vle degagannen yon frè l ki te dwe l 100 goud. Kan waa konnen sa, li blamen misye e li fè bouro yo pran l pou kondanen l. Matye. 18 : 24-27
4. Kris te padonen nou a san pou san, li mande nou pou nou padonen frè nou a san pou san. Sansa l'ap kondanen nou a san pou san. Mat. 18 : 32-35
5. Nap jwen rekonpans nou pou sa : Nap gen lapè, sante, apeti, bon somèy ak la jwa nan kè nou. Pito w gen mil zanmi tan pou ou gen yon sèl lèdmi.

Pou fini

Padon ka soti nan lòm, men bliye ofans, se nan Bondye sèl li kap soti. Mande Bondye fòs pou pa rayi ni vanje, pou nou montre Lanmou tout bon an a frè ki ofanse nou an. Sòm.103 :12

Kesyon

1. Ki sa padon ye?
   Se renonse vanje tò moun te fè w.

2. Pouki sa Bondye padonen nou ?
   Paske li renmen nou e li vle aprann nou padonen.

3. Sa sa vle di pou padonen 490 fwa?
   Sa vle di pou nou padonen tou tan

4. Nan ki mezi Bondye padonen nou?
   Nan menm mezi nou padonen frè nou

5. Ki pwofi ou gen lè ou padonen?
   Ou vin gen la pè, jwa, sante, apeti ak bon somèy.

6. Mete yon mak devan bon repons la
   a. Avan m padonen l fòk mwen di l tout sa ki nan panse m.
   b. M' ap padonen l men m pap janm pale avè l.
   c. M'ap padonen l menm m pap janm bliye sa l te fè m nan.
   d. M'ap padonen l san kondisyon onon de Jezikri.

Leson 4
Lanmou kretyen, yon koneksyon espirityèl

Vèsè pou prepare leson an: Matye. 6:3; 11:11; 25:21; Travay.5:41;Women.12:9-16; 1Korent.12:7
Vèsè pou li nan klas la: Wo.12:9-16
Vèsè pou resite: Se pou nou yonn renmen lòt ak tout kè nou. Rayi sa ki mal, men kenbe fèm nan fè sa ki byen. Wo.12: 9
Fason pou fè leson an: diskou, konparezon, kesyon
Bi leson an: Montre ke amou tout bon vre a pa nan ipokrizi.

Pou komanse
Lanmou se yon pi gran vèti ki genyen. Ki jan nou kap wè sa ?

I. **Amou kretyen tout bon vre a se yon fòs.**
1. Apre pawòl se aksyon. 1Jan 3 :18
2. Kretyen konnen byen ke Sentespri a bay li don se pou l rann lòt kretyen sèvis. 1Korent.12 : 7
3. Li konnen tou ke travay sa l'ap fè gratis la, se devwa kretyen l l'ap fè. Nan dènye jou a ki gen pou l rive a, Jezi va di l :»Vini sèvitè m ki bon e fidèl»
   a. Bon, paske li te fè l ak amou.
   b. Fidèl, paske li te fè l ak lobeyisans. Matye. 25: 21

II. **Amou kretyen fèt pou li sensè.**
1. Ou pa dwe ap mache di sa w te fè pou frè a. Matye.6 :3
2. Ou pa dwe pran la penn li, apre sa ou ale mache rakonte sa a lèdmi l yo.

3. Ou dwe trete frè w menm jan ou ta renmen yo trete w tou. Amou kretyen an pa gen ipokrizi ladan. Women.12 :9

III. **Amou kretyen tout bon an, blanmen fòt frè a ak sajès.**
1. Ou pa renmen frè w vre si ou fèmen zye w sou sa l'ap fè ki mal. Ou dwe egzote l ak sajès pou sa pa vin pi mal pou li devan Bondye. Galat.6 :1
2. Si w nan pozisyon pou w pini l, ou va fè sa san mechanste. Konsa ou aji an bon kretyen e Bondye ap renmèt ou sa. Ebre. 12 :10

IV. **Amou kretyen an pa chanje lang devan la verite**
1. Bondye pa vle wè moun flatè ni lach.
2. Ou dwe di la verite ak anpil kouraj, ak sajès, menm si ou ta dwe pase tankou Jan Batis devan Ewòd, yon wa kriminèl. Mat.11 : 11

Pou fini
An nou mande Bondye fòs ak kouraj pou nou di verite ak anpil amou.

Kesyon

1. Di ki jan amou kreyen tout bon an ye.
   Li fò, li sensè. Li blanmen fòt moun ak kouraj, ak sajès.

2. Pouki sa Jezi gen pou resevwa sèvitè yo tankou moun ki bon e fidèl?
   a. Yo bon paske yo montre amou pou frè yo.
   b. Yo fidèl, paske yo te gen kouraj pou pran reskonsblite yo.

3. Ki jan pou w pini yon moun ki koupab?
   San rankinn

4. Ki jan ou w blanmen yon moun ki koupab?
   Ak kouraj ak sajès.

Leson 5
Lanmou kretyen, se yon festen an pèmanans

Vèsè pou prepare leson an: Lik.18 :7; Tra.2 : 37-47
Vèsè pou li nan klas la : Travay.2 : 41-47
Vèsè pou resite : Toulejou, yo tout reyini ansanm nan tanp lan; yo te konn separe pen an bay tout moun nan kay yo, yo te manje ansanm avèk kè kontan san okenn pretansyon. Travay. 2 :46
Fason pou fè leson an : diskou, konparezon, kesyon
Bi leson an : Prezante amou frè ak sè a nan degre ki pi wo a.

Pou komanse
Ki jan nou kap eksplike bon kè kretyen yo touswit apre fèt Pantkòt la?

I. **Se paske yo te kwè Jezi t'ap tounen touswit.**
 1. Se sa yo te kwè kant kèk zanj te di apòt yo ke Jezi ap tounen menm jan yo wè l monte a. Yo te tèlman anvi monte tou, ke yo mache preche Retou Kris la jouk tan moun konvèti pa bann e pa pakèt. Travay. 2 :41
 2. Tout vle rete ansanm. Sa te fè yo santi nesesite pou pataje byen yo yon ak lòt. Travay. 2 :44
 3. Yo likide byen yo pou sipòte frè yo. Tra. 2 :45

II. **Tanp la te boure ak moun chak jou**
 1. Etid Biblik yo te sitou sou dotrin Sali a, sou la fwa, repantans, lanmò ak Retou Kris la. Travay.2 :42
 2. Yo t'ap pèsevere nan kominyon yonn ak lòt. Kominyon saa, se pat **Sent Sèn**, men se te yon santiman ki pote yo a renmen Bondye plis

pou yo te chèche fè byen a frè yo ak sè yo. Travay.2 :42
3. Yo te fè la **Sent Sèn** chak jou. Se te tankou yon fèt kote yo manje gwo plat manje yo. Apre sa, yo pran pen ak diven an.Travay. 2 :42
4. Yo te gen reyinyon priyè chak jou dapre lòd Jezi te bay pou yo toujou priye. Lik. 18 :7

III. **Bondye blije foure bouch nan koze sa**
1. Kretyen yo si tèlman gen krent ke yo viv lwen peche. Travay 2 :43
2. Bondye itilize apòt yo pou fè gwo mirak ak bagay estraodinè. Travay.2 : 43
3. Li touche kè pèp la pou pote manje bay apòt yo nan misyon saa. Travay. .2 :47
4. Chak jou moun konvèti an kantite. Tra.2 :47

Pou fini
A la bèl bagay kant se Bondye li menm k'ap bati Legliz li! An nou priye pou yon Legliz konsa nan mitan nou.

Kesyon

1. Ki sa ki te fè kretyen yo te gen gwo lanmou saa?
   Yo te konnen Jezikri t'ap tounen touswit

2. Ki sa sa te mennen?
   a. Kretyen yo te vle rete ansanm
   b. Yo vann byen yo pou yonn ede lòt

3. Koman ou kap fè yon ti rale sou pèseverans kretyen yo?
   a. Yo patisipe chak jou nan sèvis Etid Biblik nan tanp la.
   b. Yo manje ansanm chak jou nan tanp la avan Sent Sèn nan.
   c. Yo toujou la nan reyinyon priyè.

4. Ki jan Bondye li menm patisipe nan Revèy saa?
   a. Li fè apòt yo fè gwo mirak ak gwo mèvèy.
   b. Li touche kè pèp la pou ede yo nan bagay materyèl.
   c. Se pa de grenn moun ki konvèti.

5. Ki sa la sèn nan vle di? Gran repa

6. Ki sa Sent Sèn nan vle di?
   Repa Senyè a ki fèt ak pen ak diven

7. Ki sa kominyon fratènèl la vle di?
   Yon gran jwa kretyen yo te genyen pou yo rete ansanm lwen monn nan.

Leson 6
Lanmou kretyen yon mouvman ki mande sakrifis

Vèsè pou prepare leson an: Ezayi.53:3-7; Jan.16:33; Travay 5:41; 14:22; 16: 23-24; 2Korent.12:10; Ja.1:2
Vèsè pou li nan klas la: Ezayi.53:3-7
Vèsè pou resite: Se sak fè tou mwen kontan anpil lè m' santi m' fèb, lè y'ap joure m', lè m nan lafliksyon, lè m'anba pèseksyon, lè m nan difikilte, lè m'ap sibi tou sa akòz Kris la. Paske lè m fèb, se lè sa a mwen gen fòs. 2Korent.12:10
Fason pou fè leson an: diskou, konparezon, kesyon
Bi leson an : Pale de lanmou kòm premye pisans ki genyen nan monn nan.

Pou komanse
Pa gen fòs ki pi gwo pase lanmou. Jezi te deja bay nou egzanp la.

I. **Se yon demach ki mande sakrifis**. Ezayi. 53 : 3-7
  1. Moun te meprize Jezi, yo te bandonen l, V.3
  2. Bondye frape l, li imilye l, V.4
  3. Li brize l pou tèt inikite nou yo, V.5
  4. Yo maltrete l, yo bourade l : *Li pa rache yon mo devan bouro yo.* Ezayi.53 : 3-7
  5. Li asèpte tout sa. Li pito mouri tan pou l trayi m pou di ke se mwen menm ki koupab la.

II. **Apòt yo te imite l**
  1. **Pyè ak Jan** :
     Yo te kontan paske yo te jwen privilèj pou yo te bat yo pou Levanjl. Travay.5 :41

2. **Pòl ak Silas**
   a. La vèy jou yo pral mete yo sou poto pou egzekite yo, yo bay Bondye glwa nan prizon women an, ak tout menòt nan pye ak nan men yo. Travay.16 : 23-24
   b. Pòl pran soufrans pou Kris tankou èspò l'ap fè nan yon jimnazyòm. 2Korent.12 : 10
3. **Jak, frè Jezikri a**
   Li mande nou pou nou pran soufrans tankou klas preparatwa avan delivrans la vini. Jak.1 :2
4. **Lapòt Jan**
   a. Li menm ki te vle chita a dwat Jezi nan wayòm li, men li prizonye kounyeya nan zile Patmòs ki te gen 34 kilomèt kare. Revelasyon.1 :9
   b. Là, se syèl la ki te twati sou tèt li ak letènite lap gade a distans. Li te prizonye pou Senyè a, men pa pou Wòm! Rev.1 :9
   c. Li te la tankou sekretè Senyè a ki te dikte l Liv Revelasyon an pou nou jodia.
   d. Se la nan mitan soufran li yo, Bondye revele l istwa misye 666, soufrans kretyen kap vini, fen planèt tè a ak ren y Satan, glwa ti mouton an ak legliz li. Sa gen 2000 lane pase depi li te gen revelasyon sa yo. Revelasyon 13 : 11-18 ; 20 :10 ; 21 :1-8

Pou fini
Lanmou fratènèl mande sakrifis. Depi jodia, pa di pechè yo ke kwa a dous. Yo dwe konnen ke gen anpil tribilasyon kap tann yo avan yo gen dwa antre nan wayòm syèl la. Jan.16 ; 33 ; Travay.14 :22

Kesyon

1. Ki jan nou pran lanmou fratènèl nan leson saa? Yon fòs ki mande sakrifis

2. Ki jan Jezi bay prèv ke li renmen nou? Li asepte mouri pou peche nou.

3. Ki jan apòt yo te pran soufrans yo pou Kris ?
   a. Pyè a Jan te kontan paske yo te bat yo pou Kris
   b. Pòl ak Silas t'ap bay Bondye glwa pandan yo te kondanen a mò nan prizon an.
   c. Jak di nou pou n kontan soufri pou Kris
   d. Jan te kontan gen zile Patmò pou prizon, pou l te k'ap ekri Revelasyon nou gen jodia.

4. Ki pi move fason pou bay yon moun Levanjil? Kant ou fè l kwè ke depi l konvèti, li fini ak soufrans.

Leson 7
Lanmou fratènèl se pi gwo prèv konvèsyon

Tèks pou preparasyon : Travay.16 : 23-34 ; 20 :24 ; 2korent.5 :17 ; Jak.4 :4 ; 1Jan 2 :15-17 ; 5 :1-12
Vèsè pou li nan klas la : 1Jan.2 :15-17
Vèsè pou resite : Tout moun ki rekonèt Jezi se Kris la, se pitit Bondye yo ye. Si ou renmen yon papa, se pou ou renmen pitit li tou. 1Jan.5 :1
Fason pou fè leson an : diskou, konparezon, kesyon
Bi leson an : Montre ke lanmou pou frè ak sè yo se bagay ki loje nan kretyen sèlman.

Pou komanse
Depi ou gen lanmou pou frè w ak sè w sa pa mal pou rekonèt.

I. **Ou detache w de monn saa.**
   1. Se paske lanmou pou monn sa li diferan de lanmou Bondye a.
   2. Si yon moun renmen monn sa, se yon prèv ke li pa gen lanmou Bondye nan li. 1Jan.2 :15
      a. Ou sanse fè lèdmi ak Bondye. Jak. 4 :4
      b. W'ap mache legliz men ou pa kretyen pou sa.

II. **Ou montre sa nan padon**
   Kè a chanje. 2Korent.5 :17
   1. Kan bouro Pòl ak Silas la deja santi gen yon bagay estraodinè nan moun sa yo, li pa rele yo prizonye ankò. Li rele yo Senyè. Tra.16 :31
   2. Apòt yo pat janm gade l nan kè paske li te maltrete yo nan prizon an. Tra. 16 :23-24

III. **Ou bay prèv konvèsyon nan sèvis ou rann.**
 1. Depi li konvèti, majò prizon an fè pansman pou prizonye yo li sot bat la. Travay.16:33
 2. Li depanse nan pòch li pou bay yo manje. Travay.16 :34
 3. Li kontan ak tout fanmy li paske yo konvèti. Travay.16 :34

IV. **Ou bay prèv dapre angajman ou pran.**
 1. Apre Pòl te fin fè l katekimèn, bouro a batize, li menm ak tout fanmiy li. Travay.16 : 32-33
 2. Sonje se sa menm Pòl te fè kant li te fin konvèti. Li te di : « Mwen pa bay vi mwen okenn valè, pouvi ke mwen genyen nanm pou Bondye. Travay.20 :24

Pou fini

Si ou konvèti e ou pa pran angajman pou w sèvi mèt la, sa se yon trayizon. Bat pou w pa yon trèt.

Kesyon

1. Koman moun bay prèv ke li kretyen?
   Dapre lanmou li montre a frè li yo
   a. Dapre detachman li de monn sa pou li atache a bagay èspirityèl.
   b. Dapre fason li padonen moun san grate tèt.
   c. Dapre konsekrasyon l nan sèvis mèt la.

2. Ki jan nou rele konvèsyon san angajman nan travay mèt la? Se yon trayizon.

3. Ki sa bouro Pòl ak Silas te fè apre konvèsyon l?
   a. Li fè pansman pou yo e li bay yo manje nan lajan pòch li.
   b. Li te rejwi ak tout fanmy pou Jezi yo te pran pou Sovè yo.

4. Ki sa Pòl te fè avan li batize bouro a?
   Li te fè katechis pou li.

Leson 8
Lanmou fratènèl fè repitasyon yon fanmiy

Tèks pou preparasyon : Jenèz.2: 8, 28; 19:32-37; Egzòd.12:1-4; Detewonòm. 6:6-10; Jozye.2:1-18; 6:22-23; Rit.1:4; 2Samyèl.11:2-5; Sòm.11:3; Pwovèb. 22:6; Matye. 1:1-17; 11:28; Travay. 10:24; 16:14-31; 2Korent.5:16-21; Efezyen.3: 13-19; 1Timote.2:3-4; 1Jan.2: 12-14
Vèsè pou li nan klas la: Jenèz.12:1-3
Vèsè pou resite: Yo reponn li: Mete konfyans ou nan Seyè Jezi, epi wa va delivre, ou menm ansanm ak tout fanmi ou. Travay.16:31
Fason pou fè leson an: diskou, konparezon, kesyon
Bi leson an: Montre lanmou frè ak sè kant li parèt anndan fanmiy yo.

Pou komanse
Pa gen yon liv ki pale pi byen de fanmiy pase Bib la. Komanse depi nan Jenèz pou nou wè sa.

I. **Dabò nan plan l lè li t'ap kreye tè a.**
  1. Lè Bondye marye Adan ak Ev, Li beni yo e li komande yo pou plen la tè ak pitit. Jenèz. 2:28
  2. Li bati yon Jaden pou mete yo avan menm yo te fèt. Nou wè ki jan lanmou gen prevwayans. Jenèz 1:31
  3. Kan lòm peche, li voye Jezikri pou restore fanmiy la. Men li prevwa pou mete yo nan syèl pito pou Satan pa jwen yo. Se pou nou wè lanmou gen pasyans ak andirans. 2Korent.5:19

II. **Plan Bondye pou sove fanmiy yo.**
Avan Izrayèl te kite Lejip, Bondye te prevwa pou chak fanmiy te touye yon ti mouton pou yo te **manje l an fanmiy.** Se te siy sakrifis mouton an pou fèt pak la. Egzòd.12:1-4
1. Li sove yon jenès yo rele Rarab **ak tout fanmiy** li gras a yon kòdon rouj espyon yo te mande l pou l pandye nan fenèt kay li ki bay sou miray Jeriko a. Se te senbòl san Kris ki te koule pou nou. Jozye. 2:18; 6:23
2. Kan Lidi machann twal nan peyi Masedwa n nan te konvèti, li batize **ak tout fanmiy li.** Travay 16: 14-15
3. Bouro nan prizon women an, li kwè nan Jezi e li batize tou **ak tout fanmiy** li. Travay.16: 31
4. Konèy kapten lame women an, kwè nan Jezi e li batize tou **ak tout fanmiy li.** Tra.10 :24, 48
5. Sonje ke Jezi envite tout moun ki bouke, fatige ak la vi sa. Li vin pran yo pou li fè yon sèl fanmiy ak yo. Matye. 11 :28

III. **Ki rezon li genyen pou fonde yon fanmiy ?**
1. Li vle nanm tout kalite moun sove.
   Gade nan ras ak zansèt Jezi-Kri na wè ki jan de moun li gen ladan:
   a. Rarab yon jenès. Jozye.2:1-2
   b. Rit yon fanm morabit ki t'ap adore dye Kemosh. Sonje ke Morab se pitit Lot te fè ak pwòp pitit fiy li. Jenez.19 :32-37
   c. Batsheba, madanm ofisye a ki te rele Iri. Fanm sa te fè adiltè ak wa David. 2Sa.11 :2-5
2. Li vle tout moun konnen l kòm papa .
   1Tim. 2:3-4

a. Pou rezon saa li, odonen paran yo pou enstri ti moun yo nan pawòl la. Detewonòm. 6:6-10; Pwovèb.22:6
b. Sèlman si fanmiy nan brize, sosyete a ap brize, nasyon an tou ap brize. Sòm.11:3

Pou fini
Renmen fanmiy nou anpil paske Bondye renmen chita nan mitan fanmiy.

Kesyon

1. Ki jan nou rele lanmou fratenel nan leson saa? Yon repitasyon pou fanmiy an.
2. Nan ki liv nou jwen plis bèl pawòl pou fanmiy yo ? Nan Bib la
3. Ki sa nou jwen ladan?
   a. Plan Bondye lè li tap kreye planèt la
   b. Plan Bondye pou sove fanmiy yo
4. Pouki sa li te kreye planèt tè saa?
   Pou l sa mete lòm e fonde yon fanmiy
5. Ki sa li fè pou rachte lòm nan peche l ?
   Li prevwa sakrifye Jezi tankou yon ti mouton
6. Ki moun li te wè pou l sove? Bay nou egzanp
   Li te vle sove tout moun.
   a. Rarab yon fanm jenès
   b. Rit, yon fanm payen
   c. Batsheba, yon fanm adiltè
   d. Lidi yon gwo komèsan nan Masedwan
   e. Bouro nan prizon Filip la.
7. Pouki sa Jezi te gen tout move moun nan ras li?
   Paske li te vin sove tout moun.

Leson 9
Lanmou fratènèl se yon okazyon pou w vin sen

Tèks pou preparasyon: Jan.1:29; 2:16; Women.3: 23-24; 6:23; Kolosyen.3: 13; Ebre.10:14; 1Jan.5:1-19
Vèsè pou li nan klas la : 1Jan.3 :14-19
Vèsè pou resite : Men sa ki fè nou konnen sa renmen ye: Jezikri bay lavi li pou nou. Se poutèt sa nou menm tou, se pou nou bay lavi nou pou frè nou yo. 1Jan.3 :16
Fason pou fè leson an: diskou, konparezon, kesyon
Bi leson an: Mete anpil devouman pou rekonsilyasyon ant frè ak sè yo.

Pou komanse
Apòt Jan fè yon gwo rale sou kominote kote Bondye ap renye kòm Papa e nou menm kretyen kòm pitit Bondye. Men ki jan nou fè vin «pitit Bondye» e ki jan pou moun kap rekonèt sa?

I. **An nou wè ki sa Bondye fè pou l adòpte nou.**
Nou konnen ke tout pitit Adan yo, yo rele yo lemonn. Bib la di nou ke yo tout anba pisans Satan le Dyab. 1Jan.5 :19
1. Bondye gen yon sèl pitit ke li bay li nan sakrifis pour sove tout pitit Adan yo. Jan.3 :16
2. Li fè yon sèl depans pou peye tout dèt peche nou yo. Jan.1 :29 ; He.10 :14
3. Sa vle di, se vi l li bay pou sove nou. Jan.3 :16
4. San pa l sèl ki vèse sou kwaa te sifi pou satisfè jistis Bondye. Women.3:23-24; 6: 23
5. Depi lè saa, li adòpte nou tankou pitit li e li bay nou eritaj ansanm ak Kris. Women 8 :15-16

6. Se sa ki fè Jezi pa pou kont li ankò, li vinn premye pitit pami plizyè frè. Women 8 :29
7. E li pa wont rele nou frè. Ebre. 1 :11
8. Nou wè ki jan Bondye montre amou l pou nou, pou nou vin pitit Bondye jodia! Se sa nèt! 1Jan.3:1

II. **Ki jan pou nou pran sakrifis saa ?**
1. Nou dwe pran gad nou pou nou pa peche. 1Jan3 : 6
2. Nou dwe padonen frè nou menm jan Bondye li menm li padonen nou nan Kris. Kolosyen.3 :13
3. Nou dwe renmen frè nou yo menm si yo pa nan gou nou. 1Jan.3 :14
4. Nou dwe sipòte yo menm si yo ensipotab. 1Jan.3: 17

Pou fini
Pa janm bliye ke frè nou ki devan nou la, se potre Jezikri ke nou dwe renmen e respèkte. Pa janm mete nou nan pozisyon pou Jezi blije repwoche nou.

Kesyon

1. Ki jan nou pran amou fratènèl la nan leson saa ?
   Se mwayen pou nou zero fòt.
2. Ki jan apòt Jan rele nou? Pitit Bondye
3. Konbyen pitit Bondye genyen ? Yon sèl
4. Ki lès ki pitit Adan ? Tout moun ki sou tè a.
5. Ki jan pou nou vin pitit Bondye ?
   Kant nou konvèti, kant nou pran Jezi pou sovè nou.
6. Ki privilèj nou gen lè saa ?
   a. Nou eritye ansanm ak Kris
   b. Nou vin frè li
   c. Li pa wont rele nou frè
7. Ki jan nou kap reaji devan sakrifis Kris la pou nou?
   a. Nou dwe swiv disiplin li pou nou pa peche.
   b. Nou dwe padonen moun ki ofanse nou.
   c. Nou dwe renmen e sipòte tout moun.

Leson 10
Lwa lanmou an

Tèks pou preparasyon : Matye.11 :29 ; Lik.5 :20 ; Jan. 8 : 36-46 ; 14 :30 ; 14 :3 ; Women.5 :8 ; 1Korent. 13 :1-13 ; Filipyen.2 :5-8 ; 2Pyè.3 :9 ; 1Jan. 4 :7 ; 5 :8
Vèsè pou li nan klas la : 1Korent.13 :4-8
Vèsè pou resite : Moun ki gen renmen nan kè li gen pasyans, li gen bon kè, li p'ap anvye sò lòt moun. Li p'ap fè grandizè, li p'ap gonfle ak lògèy. 1Ko.13:4
Fason pou fè leson an : diskou, konparezon, kesyon
Bi leson an : prezante nou lanmou zero fòt la ke tout moun ta dwe imite.

Pou komanse
Lanmou se yon sijè ke moun pap janm ka fin pale de li, men pafwa moun mal konprann li. Gen moun ki pran l pou don. Ki erè sa ! An nou kite apòt Pòl pale.

I. **Sa l vle di**
  1. **Tou dabò, men sa ke li pa ye:**
     a. Li pa vle di : fè moun charite. Charite a kap fèt ak amou, men li pa lanmou.1Ko. 13:3
     b. Sèvi tout tan ak don Bondye bay nou yo, pa vle di lanmou pou sa.
  2. **Men sa li ye**
     a. Lanmou se yon fotokopi Bondye menm. 1Jan.5 :8
     b. Bondye pa renmen nou parapòt, men li renmen nou kèlkeswa jan nou ye. Li montre nou sa kant li sakrifye Jezi ke li pi renmen an pou sove nou menm ki toujou ap fè l fache. Women.5:8

II. An nou pran lanmou Jezikri pou egzanp
1. Amou li se pasyans ak bonte. 2Pyè.3 :9
2. Li pa gen anbisyon zafè moun. Li pwomèt pou l pataje glwa li ak nou. Jan.14 :3
3. Li pa fè grandizè ; li imilye l nan yon lanmò ki pi lèd la pa rapòt nou. Filipyen.2 : 5-8
4. Li pa fè anyen ki sal. Satan pa gen anyen li kap reklamen la kay li. Jan.8 :46 ; 14 :30
5. Li se yon mouton dou. Matye. 11 :29
6. Li pa doute moun. Okontrè, li padonen w san l pa poze kesyon.» Lu.5 :20
7. Li eskize tout fòt nou yo. Li kwè tout bagay, li sipote tout bagay san plenyen pa rapòt nou. 1Korent.13 :7.
8. Li pa fè fèt kant moun ap fè moun abi, li fè fèt pou moun kap di verite. Jan.8 :32
9. Lanmou ap toujou la paske Bondye se amou menm li ye. 1Korent.13 : 8 ; 1Jan.4 :7

Pou fini

Lanmou nou pap janm sensè si li pa soti nan Bondye. Frè m ak sè m yo, an nou renmen.

Kesyon

1. Ak ki bagay pou w pa mele lanmou? Ak fè moun charite ou byen sèvi moun ak don Bondye bay ou.

2. Ki sa lanmou an ye? Se Bondye menm.

3. Nan ki pwen Bondye montre li renmen nou ? Li renmen nou ak tout defo nou yo.

4. Bay nou kèk egzanp kote Jezi montre amou l : Li gen pasyans, li enm, li dou, li padonen tout bagay.

5. Ki jan nou kap rive montre yon amou tout bon vre a frè nou ? Kan nou imite Jezi-Kri.

Leson 11
Lanmou nan maryaj

Vèsè pou prepare leson an : Jenèz .2 :22-24 ; 24 :4-6,67 ; Mat. 7 :12 ; 1Korent.13 :1-9; Efezyen.5 :1-33 ; 1Pyè.3 :1-9
Vèsè pou li nan klas la : 1Pyè.3 :1-9
Vèsè pou resite : Men, li bon pou nou tou: se pou chak mari renmen madanm yo tankou yo renmen tèt pa yo, epitou se pou chak madanm respekte mari yo. Ef.5 :33
Fason pou fè leson an : diskou, konparezon, kesyon
Bi leson an : Dekouvri sekrè pou jwen bonè nan maryaj.

Pou komanse
Kan ou di yon moun ou renmen l, ou dwe pou w demontre l sa.

I. **Ki jan sa te ye nan bib la lontan lontan**
   1. Ou renmen kant ou fin marye paske se paran yo ki te chwazi fiy a pou w. Bib la di nou : Izarak marye ak Rebeka, apre sa li renmen l. Jenèz.24: 4-6, 67
   2. Se konsa tou ke Bondye te chwazi Ev pou Adan. Mo divòs la pat egziste nan tan saa. Moun yo te viv ansanm menm si te genyen pwoblèm. Jenèz.2 :22-24

II. **An nou wè jan se te ye nan tan n'ap viv la**
   Gason a deklare fiy a. Se apre sa li montre fiy a ke li renmen l. Sa fè moun koken yo pito **plase** pou yo d**eplase** lè yo vle.

III. **An nou wè jouk kote lanmou an rive**
1. Li depase konesans. 1Korent. 13:2
2. Li depase bèl pawòl. 1Korent.13 : 1
3. Li depase fè dibyen. 1Korent.13 :3
4. Li depase bay kouraj ou pou sove yon moun. 1Korent.13 :3

IV. **Men sa lanmou tout bon vle di nan maryaj:**
1. Pou w sipòte madanm ou paske li pi fèb pase w.1Pyè.3 : 7
2. Pou w sipòte mari w, paske se moun li ye ; li gen limit. 1Pyè.3 :1
3. Ou dwe sispann plenyen ak joure. Ef.5 :22
4. Ou dwe sipote l nan travay li olye wap fè jalouzi pou gremesi. Efezyen.5 :22
5. Se pou w sispann kritike l pou erè li. Ou pa sòt pou sa. Konnen li bezwen sipò w pito.
6. Ou dwe fè jefò pou w konpòte nan yon fason pou moun pa pale l mal akòz de ou.
7. Obeyi a pwensip sa yo nan sosyete a :
" Trete moun nan nan fason ou ta renmen yo trete w tou. Matye.7:12
   a. Konsa ou pap janm chèche abize konfyans li fè w, pou w ap tronpe l anbachal.
   b. Ou pa pran l pou moun sòt paske li fè ti jès ak ti kòb li a malere.
   c. Ou pap leve fè tenten paske li mande w pou w eksplike l yon bagay li pa konprann. Jak.1 :20

Remak:
1. Si moun marye yo te obsève sa Bib la di nan 1Korent 13 :7 mo divòs la tap disparèt. Nou

tap gen paradi sou tè saa. Nou t ap wè Bondye sanzatann.
2. Lanmou pap janm fini paske Bondye se lanmou menm. 1Jan.5 :8

Pou fini
Bib la se yon miwa pou nou wè Bondye ladan. Yon jou, nou pap bezwen miwa sa, paske nou pral wè Kris jan li ye a. Distans pou sa fèt, an nou bat pou nou renmen yonn lòt ak tout kè nou. v.12

Kesyon

1. Ki jan nou pran pawòl sa ki di : mwen renmen w ak tout kè m » ?
   Se yon pawòl nan bouch ke ou pral demontre.
2. Ki jan maryaj te konn fèt nan tan Abraram nan?
   Se papa a ki te chwazi fiy la pou pitit gason l.
3. Ki jan sa fèt jodia ?
   Se patnè yo ki fè chwa yo
4. Ki mo ke moun yo pat konnen nan tan lontan ?
   Mo divòs la
5. Ki jan nou rele amou nèt ale a?
   Li pi gran
   a. pase konesans,
   b. pase konn pale byen,
   c. pase fè dibyen
   d. pase montre kouraj ou pou sove yon moun.
6. Ki pwensip pou nou pa bliye nan maryaj?
   Trete m nan menm fason ou ta renmenm trete w.

Leson 12
Lanmou ki transmèt andirèk

Vèsè pou prepare leson an: Matye. 25: 31- 46; Mak.8:36-37; Jan.17:20; Travay.2:39; Women 3:23; 5:8; 6:23; 2Korent.5:21; Efezyen.2:8

Vèsè pou li nan klas la: Matye. 25 : 40-46

Vèsè pou resite: Wa a va reponn yo: Sa m'ap di nou la a, se vre wi: chak fwa nou te fè sa pou yonn nan pi piti pami frè m' yo, se pou mwen nou te fè li. Matye.25:40

Fason pou fè leson an: diskou, konparezon, kesyon

Bi leson an: Montre obligasyon moun ki sove yo genyen anvè frè yo.

Pou komanse
Pou jan Jezi renmen nou an, ki jan nou pral montre l ke nou renmen l tou ?

I. **Tou dabò tout moun konnen ou dwe l.**
 1. **Peche nou kòz nou pa tap janm wè Bondye.** women.3 :23
 2. Pinisyon pou peche a se lanmò. Women.6 :23
 3. Men Bondye bay prèv ke l renmen nou, kant Kris mouri pou nou, pou sove nou anba chenn peche a. women.5 :8
 4. Poutan li pat janm peche li menm, men li pote peche nou pou satisfè egzijans Bondye. 2Korent.5 :21

II. **An nou we konbyen dèt la ye**
 1. Si w ta vle konnen, yon nanm vo plis pase tout latè. Sa vle di ke ou mèt te mete ansanm lajan tout moun rich yo, li pa kapab peye

lamwatye yon tikè pou mennen menm yon nanm nan syèl. Mak.8 :36-37
2. Ak yon sèl chèk siyen ak san l sou bwa Kalvè a, Jezi peye dèt peche nou e li fè pwovizyon pou lòt moun ki gen pou konvèti avan l retounen. Jan.17 :20 ; Travay.2 :39
3. Ki moun ki kap peye dèt sa? Pèsonn moun.

III. **Ki fason pou nou ka rekonèt dèt la ?**
1. Jezi pa mande nou peye paske **se yon kado Papa Bondye fè nou.** Efezyen.2 :8
2. Men si nou vle rekonèt dèt saa, **Jezi ap tann twa vèsman nan men nou.**
   a. Premye tranch lan **se devwa** nou pou nou al preche Levanjil pou sali nanm pèdi yo. Mak.16 :15
   b. Dezyèm tranch la, **se kòb nou bay nan ofrann ak dim nan.** Kris kanpe devan panye a pou l kontwole l menm lè a. Mak.12 : 41
   c. Twazyèm tranch la se nan balans ki rete **ke nou pap janm ka fin peye a,** li mande nou pou nou bay **yon posyon a pi piti pami frè l yo.** ». Matye.25 :40-44
   Ki moun yo ye? Se moun ki bezwen èd nou.
   a. Moun **ki grangou** : yo bezwen manje.
   b. Moun **ki swaf** : Se moun yap fè abi nan travay yo ki pa gen moun pou defann yo.
   c. Se **etranje** : moun ki bezwen oryentasyon. Ou dwe akeyi yo san okenn prejije.
   d. Moun **toutouni.** Se pòv yo ou byen moun yo avili yo. Yo pa kap pran la ri a.
   e. Moun **malad yo** : malad nan kò yo, nan kè yo, ak nan nanm yo, malad nan vi èspirityèl

tou. Yo bezwen èd nou e sitou prezans nou.
f. **Prizonye** : Se moun ki pedi repitason yo, idantite yo ak tout dwa yo nan sosyete a.
g. Jezi rele yo « pi piti pami frè l yo. Li te peye menm pri a pou sove yo tou. Li mande nou pou nou fè yon tiraj nan balans nou dwe l la, pou bay moun sa yo. Sinon, dèt nou rete menm jan an, e Jezi kap voye nou nan lanfè pou kondanen nou ak tout bann moun ki dwe l ki pa vle peye l. Matye 25 : 41 ; Mak.10 : 21-25

Pou fini

Sa se pa yon jwèt daza. Kouri fè vèsman saa. Paske ou pap janm kap fin peye Kris dèt ou. Bon regleman pa gate zanmi.

Kesyon

1. Ki sa nou dwe Kris pou sali nou?
   Yon dèt nou papa janm fin peye
2. Ki sa li mande nou an konpansasyon ?
   a. Pou nou preche pawòl li
   b. Pou nou bay a moun ki nan bezwen yo posyon de gras nap jwi yo.
3. Koman Jezi rele moun sa yo ?
   Frè m yo ki pi piti a.
4. Ki sa ki va rive moun ki neglije peye l konsa ?
   Wap rete dwe l. Li va voye m nan lanfè.
5. Ki jan moun rich kap ede peye vwayaj pou nou ale nan syèl la ?
   Tout lajan yo pap sifi pou peye menm mwatye yon tikè pou mennen yon nanm nan syèl.

Lis vèsè yo

1. Men ki jan Bondye fè nou wè jan li renmen nou. Li te voye sèl pitit li a sou latè pou l' te ka ban nou lavi.1Jan.4 :9

2. Nenpòt moun ki mande nou kichòy, ba li l'. Si yon moun pran sa ki pou nou, kite l' pou li. Lik.6:30

3. Si nou padonnen moun lè yo fè nou mal, Papa nou ki nan syèl la va padonnen nou tou. Matye.6 :14

4. Se pou nou yonn renmen lòt ak tout kè nou. Rayi sa ki mal, men kenbe fèm nan fè sa ki byen. Wo.12: 9

5. Toulejou, yo tout reyini ansanm nan tanp lan; yo te konn separe pen an bay tout moun nan kay yo, yo te manje ansanm avèk kè kontan san okenn pretansyon. Travay. 2 :46

6. Se sak fè tou mwen kontan anpil lè m' santi m' fèb, lè y'ap joure m', lè m' nan lafliksyon, lè m'anba pèseksyon, lè m' nan difikilte, lè m'ap sibi tou sa akòz Kris la. Paske lè m' fèb, se lè sa a mwen gen fòs. 2Korent.12:10

7. Tout moun ki rekonèt Jezi se Kris la, se pitit Bondye yo ye. Si ou renmen yon papa, se pou ou renmen pitit li tou. 1Jan.5 :1

8. Yo reponn li: Mete konfyans ou nan Seyè Jezi, epi wa va delivre, ou menm ansanm ak tout fanmi ou. Travay.16:31

9. Men sa ki fè nou konnen sa renmen ye: Jezikri bay lavi li pou nou. Se poutèt sa nou menm tou, se pou nou bay lavi nou pou frè nou yo. 1Jan.3 :16

10. Moun ki gen renmen nan kè li gen pasyans, li gen bon kè, li p'ap anvye sò lòt moun. Li p'ap fè grandizè, li p'ap gonfle ak lògèy. 1Ko.13:4

11. Men, li bon pou nou tou: se pou chak mari renmen madanm yo tankou yo renmen tèt pa yo, epitou se pou chak madanm respekte mari yo. Ef.5 :33

12. Wa a va reponn yo: Sa m'ap di nou la a, se vre wi: chak fwa nou te fè sa pou yonn nan pi piti pami frè m' yo, se pou mwen nou te fè li. Matye.25:40

Evalyasyon Pèsonèl

1. Ki pwen nan 12 leson yo ki te pi touche w ?
   _____

2. Ki sa ou jwen nan li
   a. Pou tèt pa w ?
   _____
   b. Pou fanmiy w ?
   _____
   c. Pou Legliz w ?
   _____
   d. Pou peyi w ?
   _____

3. Ki desizyon ou vle pran imedyatman apre klas la ?
   _____

4. Men sijesyon, mwen (Untel), mwen genyen pou Lekòl dimanch nan Legliz mwen :
   a._____
   b._____
   c._____

5. Kesyon pou w reponn a tèt ou sèlman
   a. Ki sa mwen vo pou Legliz la depi mwen la ?
   b. Ki sa mwen vle fè pou li vin pi miyò ?
   c. Si Jezi vini kounyeya, eske m pap wont akòz jan de fwi yo mwen kap prezante l ?

Dife 14- Seri 2

Petwòs ak Petra

Avangou

Ki jan pou apòt Pyè ta kapab sipòte tande moun kap fè konparezon ant li menm ak Senyè a, kant li pat janm bliye tout gagòt li te fè devan Jezi dwayen l nan pandan twazan li te pase nan seminè a? Si ou santi w gwo nèg pou w fè konparezon saa, se sèlman pou w mete w nan plas apòt la pou w sa wè jan ou ye. Lè sa wa wè ke w konn fè pi mal pase Pyè kant ou trayi mèt la, menm nan ti bagay ki tou piti, sitou kant ou vle goumen pou enterè pèsonèl ou. « Petwòs ak Petra », nou ka di ke li te lè, li te tan pou seri leson sa te vini. Mezanmi, manje a pare !

Pastè Renaut Pierre-Louis

Leson 1
Lanbisyon apòt Pyè

Vèsè pou prepare leson an: Matye.17:24-27; 19:13-30; Mak.10:13-31; Jan.18: 10-11; Travay.1: 3-7
Vèsè pou li nan klas la: Mak.10:28-31
Vèsè pou resite: Lè sa a, Pyè di li: Men, koute non. Nou kite tout bagay pou nou swiv ou. Kisak pral rive nou? Matye.19:27
Fason pou fè leson an: diskou, konparezon diskisyon, kesyon
Bi leson an: Dekouvri rezon ki fè anpil moun pèsevere.

Pou komanse
Gade yon koze! Jennonm rich la poko menm vire do l ke Pyè mande Jezi: «Nou menm nou kite tout bagay pou nou swiv ou. Koman sa ye la?» Ou menm kap li leson saa, ki sa nou kwè l vle di la? Matye.19: 22, 27

I. An nou gade sa ki dèyè tèt Pyè
1. **Dabò pou peyi l:**
   Tout jwif nan tan saa ap reve wayòm Izrayèl la tounen menm jan li te ye nan tan David ak Salomon. Travay. 1:3-7

   Konsa fòk tou dabò
   a. Izrayèl soti anba men Lanperè Women an. Detewonòm. 18:15
   b. Ke se yon jwif ki pou dirije peyi a.
   c. Ke yon Mesi politik fè yon revolisyon. Dayè Pyè toujou mache ak zam sou li. Jan.18: 10-11
   d. Ke yo sispann pran taks sou yo. Mat.17:24-24

2. Answswit pou tèt pa l.
   a. Li bezwen yon bon biznis. Li komanse dezabitye ak koze leve lannwit al peche pwason.
   b. De sèl mo Jezi di, pwason vide sou yo! Li tou chofe pou swiv li. Lik.5 : 4. 11

II. **Koze a resi soti deyò**
   1. Jezi beni yon bann ti moun gratis. Mak. 10: 13, 16
   2. Yon jennonm rich ki tande sa, li kouri mete ajenou nan pye Jezi pou mande l nan ki kondisyon pou l gen la vi etènèl. Mk.10:17
      a. Jezi poze kondisyon l, li di l: Avan pou w vin swiv mwen, al vann byen ou yo pou bay pòv manje. Misye vire do l tou tris. Se pa pou sa li te vini. Mak.10: 21-22
      b. Pou li menm, vi etènèl la se pou l pat janm mouri pou l te gen tan manje tout byen l. Mak.10:22-25
   3. Disip yo pat manke sezi paske yo te panse menm jan tankou nonm rich la. Mak.10 : 24
   4. Yo vin pi sezi ankò kant Jezi te di yo ke yo pral gen pèsekisyon avan yo kap antre nan syèl la. Se pa pou sa yo te vin swiv li. Mak.10:24-25

III. **Pyè pran yon gwo desèpsyon**
   Pawòl Jezi saa fè yo tout tris.
   Matye. 27:17 ; Mak.10 : 30
   Li di menm sak dènye ap vin premye, sak premye ap vin dènye. Sa vle di, bat pou w pa komanse byen pou w fini mal.

Pou fini
Pyè ak disip yo pat satisfè de repons Senyè a. E ou menm, eske wap swiv Senyè paske ou bezwen sityasyon materyèl ou chanje? Atansyon pou w pa pran sipriz dezagreyab nan dènye jou a. Mak.10 :33

Kesyon

1. Ki sa ki te dèyè tèt Pyè ?
   a. Pou Izrayèl kap vin menm jan li te ye tankou sou wa David ak Salomon
   b. Li bezwen yon bon biznis pou tèt pa l.

2. Ki sa li te vle pou peyi l ?
   a. Pou l lib endepandan
   b. Pou l sispann peye taks a gouvèman women an

3. Ki sa ki fè nou kwè sa ?
   Pyè toujou pote za m li sou li.

4. Koman nou te arive konnen sa ki nan kè Pyè?
   Dapre repons Jezi bay nonm rich la, Pyè te vle fè regleman ak Jezi.

5. Pouki sa li te tris?
   Paske Jezi reponn a nonm rich pou menm bagay la ki te nan tèt Pyè.

6. Ki sa ki enterese Jezi ?
   Pou yo swiv li pye pou pye jiskobou.

Leson 2
Anbisyon Pyè a avòte

Tèks pou preparasyon: Matye.14:22-33; Mak.6: 45-52; Lik.22:54-62; Jan.21: 1-19
Vèsè pou li nan klas la : Lik.22 :54-62
Vèsè pou resite : Pyè reponn li: Monchè, mwen pa konnen sa ou ap di la a. Menm lè a, antan li t'ap pale toujou, yon kòk pran chante. Lik.22 : 60
Fason pou fè leson an : diskou, konparezon, kesyon
Bi leson an : Montre kant yon moun pa gen tande, sa kapab fè li pa wè tou.

Pou komanse
Ou kwè bagay difisil sa, pou yon moun chanje lide l kant li deja anjandre ! Nan ki sans pou nou di ke Pyè pat sensè ak mèt la? Tou dabò fòk nou wè:

I. **Atitid li devan mirak Jezi yo.**
1. Tankou lòt disip yo, Pyè te kwè Jezi te madre. Bay tout moun sa yo manje ak 5 pen 2 pwason, pou li, se te majik. Sa fè kè yo vin pi di.
Mak. 6 :52
2. Sa ki pi rèd la, men Jezi ki pran mache sou dlo gwo devan jou. Li fin kwè se te yon zonbi. Yo poko menm fini ak yon tanpèt, men zonbi pra l manje yo! Menm kant Jezi di se li, se pa zonbi, Pyè reponn li :
« Si se rou, bay lòd pou m vin jwen ak ou sou dlo a. » Matye.14 :28
   MEN PYÈ KAP MACHE SOU DLO!
Men kant li wè van leve kont li, li pran plonje. Li pat konnen si Jezi te gen solisyon pwoblèm nou avan pwoblèm nan te la. Matye. 14 : 27-32

II. **Answwit, gade atitid li devan opozan Jezikri yo**
Pandan tout twazan li fè ak Jezi, li pa janm mete l kote Jezi kont opozan yo.
1. Li pa di yon mo kant farizyen yo di Jezi gen yon gwo pwen Dyab sou li. Matye.12 : 24
2. Li pa di yon mo kant sòlda yo vin arete Jezi. Jan.7 :30
3. Li sèlman fè « yon je rouj » li koupe zorey Malkis, sèvitè sakrifikatè pou defann Jezi. Jan.18 :10-11
4. Sa pap pran lontan kant li renye Mèt la devan moun konsa konsa. Ak yon sèl rega, Jezi demanti tout djolè yo l tap fè a. Lik.22 :61

Pou fini
Pyè te yon blofè. Bat pou nou pa imite l nan sans saa.

Kesyon

1. Ki te atitid Pyè devan mirak pen ak pwason Jezi te bay la ?
   a. Kè l te vin di.
   b. Answit li te pran Jezi pou yon zombi
   c. Li te doute de li.

2. Dapre ou, pouki li te pran Jezi kant li bay foul la manje? Li te pran Jezi pou yon majisyen.

3. Ki te atitid Pyè devan ledmi Jezi yo ?
   a. Li fèmen bouch li.
   b. Pita, li tap fè gran chire

4. Ki jan nou gen prèv ke li pat sensè ?
   Li deziste devan tout moun ke li pat janm konnen Jezi.

Leson 3
Jis ki bòs Pyè te rive

Vèsè pou prepare leson an : Matye.5 :44 ; 16 :21-23 ; 26 :51-56 ; Lik. 22 : 21-51 ; Travay.5 : 17-25 ; 12 :1-11 ; 1Korent.10 : 10-13
Vèsè pou li nan klas la : Lik.22 :31-34
Vèsè pou resite : Se sak fè, moun ki kwè li byen kanpe a, pito li veye kò l' pou l' pa tonbe. 1Kor.10 :12
Fason pou fè leson an : diskou, konparezon, kesyon
Bi leson an : Eksplike sa ki te lakòz Pyè te chite.

Pou komanse
Apre twazan li pase nan seminè anba Jezikri, Pyè pral sezi tande mèt la ki di l : « Ou pap pase egzamen an » Touye Pyè, rache l, se te yon blag. Ki jan Jezi pra l eksplike l sa ?

I. **Satan di ke li reklamen Pyè.**
Li te di sa paske li kap demontre tout dwa li genyen sou Pyè. Pyè te fò nan teyori, men li pat sensè ak Mèt li. Lik.22 :31
1. Pyè te gen nan tèt li yon Mèsi politik pou etabli yon gouvènman sou tè a, li pat janm wè nan Jezikri yon Mèsi pou sove nanm moun. Satan menm mete sou kè li pou l egzote Jezi pou l pa asepte mouri sou kwaa, paske si Jezi fè sa, li pral pèdi tout kliyan li yo nan monn nan. Jezi denonse l, li demaske l! Mat.16 : 21-23
2. Nan amou li te genyen pou byen la tè, Pyè te plis sanble a yon disip Satan ke disip Jezikri.
3. Kan Jezi wè ke li pat kap demanti Satan, li rele Pyè li di l : « Yon sèl bagay mwen kap fè, se priye mwen ka priye pou w, pou pa lage nèt.

4. Pou premye fwa Jezi te oblije di Pyè yon gwo mo : « **Kant ou va konvèti, wa sipote lòt disip yo ki pa konvèti menm jan tankou w.** Lik.22 :32

II. Grandizè Pyè

1. Li te kwè li te kap ale nan prizon e menm mouri pou mèt la. Lik.22 : 33
2. Li pat konnen ke tout diplòm teoloji ak tout vèsè yon moun aprann nan Bib la pap anpeche w chite. Se sèl Sentespri a ki kap kenbe w. Men Pyè poko te gen Sentespri a nan lè saa. Jan.7 : 39
3. Laprèv, nou wè Pyè, pou defann Jezi, li rale manchèt li e li koupe zorey Malkis, sèvitè Souveren sakrifikatè a. Jan.18 :10
4. Sanble li te trouble paske Jezi rekole zorey la pou mesye a. Lik.22 :51
   Li bliye nan leson yo kote Jezi te kondanen vyolans ak vanjans. Li te di pito : « Renmen lèdmi ou » Mat. 5 :44
5. Kounyeya, Pyè pa konn sa pou l fè, li bandonen Senyè a. Lòt disip yo fè menm jan tou. Matye.26 :51, 56

Eske nou konnen, Pyè pral pran prizon 3 fwa e se Senyè a ki pral lage l?
Travay. 4 :3, 23 ; 5 :17-25 ; 12 :1-11

Pou fini
Sispann fè granbanda. Imilite se yonn nan pi gwo za m ki genyen nan la vi yon kretyen.

Kesyon

1. Pouki sa Satan te reklamen Pyè?
   a. Pyè pat konvèti.
   b. Li te pran Jezi pou yon Mèsi politik. Li pat konnen l kòm sovè pèsonèl li.
   c. Li menm te vle dekonseye Jezi pou l pat al mouri pou peche nou.

2. Ki sa Jezi te oblije fè nan ka Pyè a ?
   Priye pou li pou l pa lage nèt apre chit li

3. Kisa ki fè nou di Pyè tap fè gran banda ?
   a. Li te kwe ke diplòm teoloji l apre twa zan nan seminè te yon garanti kont atak Satan.
   b. Li kwè li te kap defann levanjil la ak fòs ponyèt li

4. Ki jan li chite ?
   a. Li te dekouraje paske Jezi te pito geri zorey mesye a olye de kase yon batay.

5. Ki sa Pyè te manke nan lè sa? Pisans Sentespri a

Leson 4
Chit Petwòs

Vèsè pou prepare leson an: Sòm.1:1-6; Matye. 5:21; 26:69-75; Lik.22:54-62; Jan.15:1-8; 18:18

Vèsè pou li nan klas la : Lik. 22 :54-62

Vèsè pou resite : Jezi vire, li gade Pyè, epi Pyè vin chonje pawòl Seyè a te di l': Jòdi a, kòk p'ap gen tan chante, w'ap di ou pa konnen mwen pandan twa fwa. Lik.22 :61

Fason pou fè leson an : diskou, konparezon, kesyon
Bi leson an : Montre ki jan Pyè te fè kalanbòl nan chit li yo.

Pou komanse
Se pat yon sèl chit. Nou kap di Pyè te fè kalanbòl. Lè l wè sa, li kriye tankou ti bebe ki gate.

I. **Premye chit la** :
Li rale manchèt li pou defann moun nan ki fè syèl la ak tè a, moun nan ki te di l : « Ou pa fèt pou touye moun » Matye.5 :21 ; Jan.18 :10-11

II. **Dezyèm chit la** :
Li pran swiv Jezi a distans. Lik.23:54
Sa te kont pou l chite. Li te di : « Si ti branch la detache de mannam pye a, lap sèch e yap voye l jete.». Jan.15 :4, 6

III. **Twazyèm chit la** :
Li rale chèz li pou l chita chofe dife ansanm ak mokè yo. Sòm 1 :1

Ou pa bezwen bwè, ni fimen ni jwe daza pou w sanble ak lemonn. Li sifi sèlman ke w frekante yo. Sòm.1 : 1 ; Jan.18 :18

IV. **Katryèm chit la :**
Li fè sèman devan de ti domestik pou di ke l pa janmen konnen Jezi. Matye.26 :69-71

V. **Senkyèm chit la :**
Li nye mèt la devan yon kòlonn tapajè. Li komanse di yo gwo mo sal paske yo di se moun Galile l ye, dapre fason l pale. Matye. 26 :73-74
Pandan tan saa, yon kòk chante. Chante kòk sa rezonen nan konsyans li paske Jezi te di l sa. Matye.26 :74

VI. **Sizyèm chit la :**
Senyè a vire gade Pyè. Sa vle di : « Pyè, ou pa kap di mwen pat pale w. Mwen konnen w pa tap kapab kenbe».
Olye Pyè pran kouraj, Li pete kriye e li soti. Li pèdi lafwa. Lik.22 :62

Pou fini
Nou sot asiste a chit **Petwòs**, sa vle di ti wòch la. Konnen byen Jezi se **Petra**, se Mesi a, gwo wòch moun pa kap balanse a. Sonje Jezi prevwa delivrans nou avan menm nou chite a. An nou fè l konfyans.

Kesyon

1. Di nou 6 chit Pyè yo nan yon sèl jou.
   a. Li rale manchèt pou defann Jezi.
   b. Li swiv Jezi a distans
   c. Li chita an konpayi mokè yo
   d. Li nye mèt li
   e. Li pran joure moun kite vle denonse l.
   f. Li te prefere soti pou l al kriye olye pou l ta konvèti.

2. Ki premye bagay ki te fè l chite?
   Li tap swiv Jezi a distans.

3. Bay yonn nan preskripsyon mèt la li te bliye ?
   Se pou w rete tache nan manman pye bwa pou w pa chite.

4. Ki sa rega Jezi a Pyè te vle di ?
   Mwen konnen ou pa tap gen fòs pou w kenbe.

5. Ki diferans nou fè ant Petwòs ak Petra ?
   Petwòs se yon ti wòch tou piti. Petra se yon gwo gwo wòch masif.

Leson 5
Pyè, pral peche moun

Vèsè pou prepare leson an : Lik.5 :1-11 ; Jan. 10 :28 ; 21 :1-19 ; Travay.2 :37-41 ; 3 :6-9 ; 4 :4 ; 6 :7 ; Revelasyon.7 :3-8
Vèsè pou li nan klas la : Jan.21 : 1-12
Vèsè pou resite : Lè sa a Jezi di Simon: Pa pè. Depi koulye a se moun ou pral peche.» Lik. 5 :10b
Fason pou fè leson an : diskou, diskisyon, kesyon
Bi leson an : Montre ki jan Bondye prepare davans yon plan travay pou moun ki vinn konvèti yo.

Pou komanse
Sa gen twazan depi Jezi te di Pyè li pral fè l pechè nanm. Lè a rive kounyeya. An nou ale ansanm avè l. Lik.5 :10

I. **Nou pral komanse lapèch la.**
1. Kèk ti jou apre li te resisite, Jezi fè yon parèt bò lan mè Tiberyad la. Nan menm lè saa, Pyè te antann li ak disip yo pou ale lapèch menm kote a Jan.21 :3-4
2. Yo te sezi wè Jezi la. Li pat bezwen fè randevou ak pèson pou l jwen avè w. Jan.21 : 11-15
3. Li pran pòz vye gran moun li pou li pa revele idantite l toudenkou. Jan.21 :5
Men kant li odonen pechè yo pou **jete filè a bò kote dwat la**, yo kenbe **153** gwo pwason, ni filè a pa chire tankou sa te fèt twazan pase! Lè Jan wè sa, li di : «Mezye! Se Senyè a wi!»
Lik.5:6; Jan.21: 6, 10-11

II. **Ki sa lapèch saa reprezante?**
1. Sèl si Sentèspri nan w pou w sove yon nanm.
2. FILE A PAT CHIRE FWA SAA! Sa vle di : Lè Jezi sove w, li sove w nèt : « Li di mwen bay yo lavi pou toutan an, yo pap janm peri e pèson pa kap pran yo nan menm.» Jan.10 :28
3. Si nou dekonpoze 153 nou jwen: 144 + 6 + 3= 153
   a. Chif 144 se senbòl 12 tribi Izrayèl yo. Revelasyon.7 : 3-8
   b. Chif 6 la se senbòl kapasite lòm.
   c. Chif 3 se senbòl Trinite a Sa fè kapasite lòm nan Pyè (6) tankou yon enstriman nan men Bondye (3) pou fè Jwif yo (144) konvèti. Jan.21 : 6,11 Senyè a te chwazi Pyè pou preche jwif yo. Galat.2 :8

III. **An nou wè valè 153 gwo pwason yo tout bon**
Pyè itilize filè Levanjil la pou genyen nanm anpil jwif pou Kris.
1. **Premye pèch la** : Nan premye mesaj Pyè a, 3000 Jwif te konvèti. Travay 2 : 37-41
2. **Dezyem pèch la:** Fwa saa 3000 lan vin 5000 kant Pyè te geri nonm ki te fèt toklo a. Travay. 3 :6-9 ; 4 : 4
3. **Twazyèm pèch la** : Yon kòlonn sakrifikatè renonse a lwa Moyiz la ak tout Sabaa Jwif la pou yo konvèti .Tra. 6 :7

Pou fini

Avan nou di nou pral lapèch nanm pou Kris ansanm ak Pyè, sonje ke viktwaa pa nan filè konesans ni eksperyans nou, men nan Jezi ki mèt mwason an. Tanpri bay Jezi dwa pou l chita alèz nan vi nou pou travay la sa fèt.

Kesyon

1. Ki kote Jezi te rankontre ak disip yo kèk jou apre li resisite ? Bò lanmè Tiberyad.

2. Ki jan li te parèt sou yo ?
   Tankou yon vye gran moun.

3. Ki sa ki te fè nou kwè sa? Li rele disip yo, li di yo « timoun »

4. Ki jan nou kap eksplike ke disip yo ak Jezi te jwen la san randevou?
   Se Bonye li ye. Li te deplase pou fè yon rekonsilyasyon ak Pyè.

5. Pouki filè a pat chire jou saa?
   a. Pou montre ke yon enkonveti pa kap sove yon nanm.
   b. Se Jezi sèl ki kap bay yon nanm sekirite.

6. Ki sa chif 153 vle di nan senbòl yo? 3 se senbòl Trinite, 6 la se senbòl kapasite lòm. 144 se senbòl 12 tribi Izrayèl yo

7. Ki sa 153 gran pwason an reprezante ?
   Konvèsyon anpil jwif e menm sakrifikatè yo.

8. Ki moun ki te vin apòt pou genyen jwif yo ? Pyè

Leson 6
Pyè anba mato pèsekisyon

Vèsè pou prepare leson an: Sòm 34:8; Mak.10:30-32; Travay. 3:19; 4:2-36; 5: 17-42 ; 12: 1-25; 1Pyè.2: 21
Vèsè pou li nan klas la: Tra.12:1-10
Vèsè pou resite: Zanj Seyè a kanpe bò kote tout moun ki gen krentif pou li, pou pwoteje yo. Li delivre yo lè yo nan danje. Sòm.34:8
Fason pou fè leson an: diskou, konparezon, kesyon
Bi leson an: Montre entèvansyon syèl la kant nou gen yon ka ijan.

Pou komanse
Sa Jezi tap di a rive! Gade apòt yo anba pèsekisyon! An nou wè ki jan Pyè pral reyaji. Mak.10: 30-32

I. **Premye pèsekisyon: Yon kout prizon**
Paske Pyè te preche nan yon kanpay evanjelizasyon, Jij la lage l nan prizon. Travay.4: 2-3.
Pouki rezon ?
1. Paske li tap preche onon de JeziKri, e li te geri yon nonm ki te fèt toklo. Travay. 4 : 2-3
2. Tribinal Jwif la pase l lòd pou l sispann lonmen non Jezi nan bouch li. Pyè te refize. Apre sa yo te blije lage l. Travay.4 : 10-12

II. **Dezyèm pèsekisyon. : Yon lòt kout prizon**
Chèf yo te jalou paske Pyè t'ap fè mirak e li t'ap bay moun rad ak manje onon de Jezikri. Tra.4 :32-36; 5 : 18

Ki rezilta sa te genyen ?
1. Senyè a li menm vin lage Pyè nan prizon an e li mande l pou l al kanpe nan tanp Jerizalèm nan pou l al preche Pawòl la. Travay. 5 :18-20
2. Tribinal la pat di l yon mo. Travay. 5: 31-28
3. Apòt yo te pito dezobeyi chèf yo pou yo te obeyi Senyè a. Tra. 5 : 29
4. Gamalyèl, ki te pwofesè Pòl nan Inivèsite Tas la, fè yon reyinyon komite ak tout kò tribinal la. Yo te deside pou yo kite apòt yo trankil. Sèlman pou yo fè yon je rouj,
    a. Yo fè bay apòt yo kèk kout rigwaz.
    b. Chèf yo mande yo pou yo sispann lonmen non Jezi. Men apòt yo te kontan kant yo te soufri imilyasyon pou non Jezi a. Yo preche pi rèd!
    Mk.10:30; Tra.5:41-42

III. **Twazyèm pèsekisyon : yon lòt kout prizon**
    Wa Ewòd Agripa Premye fè touye Jak. Kant li wè jwif te kontan pou sa, li fè arete Pyè, mete l nan prizon. Li mete l anba menòt nan mitan 16 sòlda. Travay.12:1-7.
    1. Kisa ki pase nan menm moman an:
        a. Legliz **an branl** : Kretyen yo ap priye tout bon pou Pyè. Travay. 12:5
        b. Syèl la **an branl**: Bondye delege yon anj pou delivre Pyè. Sòm.34:8; Travay.12:7
        c. Pyè **pat an branl**. L'ap wonfle. Tra.12: 6
    2. **Ki sa ki te pase:**
        a. Anj la antre nan kacho Pyè ak yon **Dife tou Limen** pou klere l nan sityasyon l nan. V.7

b. Li reveye Pyè e li di l **ki jan pou l abiye pou yo soti.** Tra.12: 7-8
c. Bondye fè l envizib devan solda yo. Travay. 12: 10
d. Lanj la louvri pòt fè a ki gade vil la. Pyè lage, li fè wout al kay li. Beni swa Letènèl! Travay.12:10

Pou fini

Se Jezi menm ki kite twònn li pou l vin lage Pyè. Apre jodia, renmèt Jezi batay w.

Kesyon

1. Pouki rezon Jij la te jete Pyè nan prizon ?
   a. Paske li t'ap preche onon de Jezi
   b. Paske li te geri yon nonm ki te fèt toklo
   c. Paske apòt yo t'ap fè dibyen a pèp la.

2. Ki lòd yo te resevwa osijè de sa ?
   Pou yo pa janm lonmen non Jezi nan bouch yo

3. Ki jan Pyè te reyaji?
   Li te refize fè sa. Ala fen yo lage l.

4. Pouki rezon li te pran yon dezyèm kout prizon ?
   Se te akòz jalouzi sadiseyen yo paske apòt yo t'ap fè gwo mirak

5. Ki moun ki te vinn lage l? Anj Letènèl la

6. Pouki sa li te pran prizon twazyèm fwaa ?
   Wa Agripa te vle fè disparèt non Jezi a.

7. Ki moun ki te lage Pyè nan prizon an?
   Se te ankò Anj Letènèl la

8. Ki jan li te fè sa?
   a. Li antre nan prizon an ak yon Dife Tou Limen, pou l reveye Pyè.
   b. Li bay sekrè ki jan pou l abiye pou l soti
   c. Li vegle zye sòlda yo
   d. Li louvri pò an fè vil la pou lage Pyè deyò

Leson 7
Pyè, defansè Levanjil la

Vèsè pou prepare leson an : Tra. 15 :1-29 ; Ef.2 :1-22 ;
Vèsè pou li nan klas la : Tra.15 : 6-11
Vèsè pou resite: Koulye a, poukisa pou n'ap seye fè plan ak Bondye konsa, lè nou vle fè disip yo pote yon chay ni zansèt nou ni nou menm nou pa t' ka pote? Tra.15 :10
Fason pou fè leson an : diskou, diskisyon, kesyon
Bi leson an : Fè sa klè pou tout moun ke la Lwa Moyiz la pa gen okenn itilite devan la gras Jezikri a.

Pou komanse
Men Pyè, nan mitan vil Jerizalèm. Li kanpe e li pran la pawòl pou l konbat Lwa Moyiz la e leve Levanjil la byen wo. Ki pi gwo chanjman pase saa!

I. **Nan ki sikonstans sa te fèt ?**
  1. Se paske te gen Jwif ki soti nan Jide ki te vle fòse payen konvèti nan vi l Antyòch la pou yo te obsève Lwa Moyiz la. Men Pòl ak Banabas pat dakò ditou.
  Legliz te oblilje delege yo tou de pou al diskite sa nan yon gwo deba a Jerizalèm. Tra.15 : 1-2

II. **Entèvansyon Pyè nan deba saa**
  1. Li di ke Bondye pat janm mande pou payen yo te obsève la Lwa Moyiz la. Travay.15 :10, 19
  2. Menm Jwif yo pat janm obseve l tou.
  3. Bondye pat gen prejije : li te bay Sentespri a jwif yo tankou a payen yo tou. Travay.15 :8-9

4. Se yonn nan rezon ki fè Bondye vle sove tout moun pa gras, pa mwayen la fwa, jwif tankou payen. Travay.15 : 11 ; Efezyen.2 :8
5. Yon sèl bagay, payen yo dwe bandonen zidòl yo, pou yo pa manje bèt toufe ni bouden san, pou yo pa nan vi vakabondaj fiy ak gason. Travay.15 : 19-20

III. **Ki sipò li te bay a jwif konvèti yo ke nou rele jideokretyen nan diaspora a ?** 1Pyè.1 : 1-2
1. Li rekomande yo
   a. Pou yo medite Pawòl la, pou yo gen moderasyon, pou yo mete tout espwa yo nan Jezikri. 1Pyè. 1 : 13
   b. Pou yo gen yon bon kondit devan tout moun. 1Pyè.2 :1-5
   c. Pou yo mentni prestij Levanjil la. 1Pyè. 2: 9-12
   d. Pou yo mennen yon vi ki sen. 1Pye.1 :15
2. Li pale de pwomosyon nou pran nan Levanjil : Jezi rele nou wa e sakrifikatè pou Bondye tankou Jezikri. 1Pyè.2 :9
3. Li pale de bon jan priyè kretyen yo te fè monte devan Bondye pou li kant li te nan prizon an.
   Travay.5 :17-19 ; 12 :15-19 ; 1Pyè.2 :13-16

Pou fini

Si ou gen kouraj pou w pran pozisyon pou Jezi devan advèsè yo, li va fè menm jan pou w tou devan papa l nan syèl la. Tanpri, mentni pozisyon w.

Kesyon

1. Ki te sijè konferans la nan vil Jerizalèm?
   Diskite zafè Jwif yo ki te vle oblije payen konvèti yo obsève lwa Moyiz la.

2. Ki sa Pyè te di nan sa?
   a. Payen yo sove pa gras tankou jwif konvèti yo.
   b. Bondye bay tou de Sentespri l.
   c. Li pa dakò pou payen konveti yo swiv Lwaa.

3. Ki sa li te pwopoze?
   Pou payen konvèti yo pa viv nan banbòch, nan zidòl, nan manje bèt toufe ni bouden zan.

4. Sa jideyokretyen ye ?
   Se jwif ki kite Lwa Moyiz la pou yo konvèti nan levanjil Kris la.

5. Ki sipò Pyè te bay jideyokretyen yo ki te nan Diaspora a?
   a. Li te ankouraje yo medite bib la
   b. Pou yo gen bon kondit
   c. Pou yo pwoteje prestij Levanjil la.
   d. Pou yo viv sen tankou Jezi.

Leson 8
Jezi, wòch moun pa kap bouje a

Vèsè pou prepare leson an : Egzòd.17 :6 ; Nonb.21 :13 ; Danyèl.2 :31-34 ; Zakari 4 :7 ; Matye. 16 :18 ; 21 :44 ; Jan.4 :23-24; 7 : 37-39 ; Women.9 :32-33 ; 1Korent.1 :23 ; 10 :4 ; Efezyen.2 :8-20 ; 1Pyè.2 :6
Vèsè pou li nan klas la : 1Korent.10 : 1-4
Vèsè pou resite : Yo tout te bwè menm bwason Lespri Bondye te ba yo a. Se konsa yo t'ap bwè dlo ki t'ap soti nan gwo wòch Lespri Bondye te ba yo epi ki t'ap mache ansanm ak yo a: Wòch sa a, se te Kris la menm. 1Korent.10 :4
Fason pou fè leson an : diskou, konparezon, kesyon
Bi leson an : Montre ke Jezi se li sèl ki garanti Sali nou an.

Pou komanse
Se pa de wont Pyè ta wont pou yon moun ta konpare l ak Sovè l, li menm ki yon **ti wòch** devan Jezi ki yon **gwo blòk wòch**, moun pa kap kraze a. Men sa li di jodia, a tout moun ki pèdi memwa sou bagay saa.

1. **Jezi se gwo wòch moun pa kap bouje a**
   Jezikri se wòch èspirityèl la ki te frape pou dlo gras la ka koule pou pase swaf Sali nou an. Li bay nou dlo la vi ki soti nan Sentespri a. Jan.4 :23-24; 7 :37-39
2. Gwo wòch Moyiz te frape nan mòn Orèb la se te Jezi menm. Li t'ap swiv pèp la tout patou. Egzòd.17:6; Nonb.21:13; 1Korent.10:4
3. Jezi se gwo wòch la, tandike Pyè se te yon ti wòch.

I. Jezi se baz nou, se li ki wòch pwensipal la
1. Se Jezi ki fondman Legliz, se pa janmen lepap. Efezyen.2 :20 ; 1Pyè.2 :6
2. Se anba l nou genyen yon pwoteksyon ki asire.
3. Pwofèt Zakari rele l pyè pwensipal la. Zak.4 :7
4. Kris pat janm fonde legliz li sou apòt Pyè.
5. Li te di : «Mwen gen pou m bati legliz mwen e Satan pap gen dwa manyen l. Matye .16 :18

II. Jezi se yon Pyè ki gen repondong
Se sa ke li te ye pou Jwif yo kant li te fèk parèt. Yo te refize rejte Lwa Moyiz la pou yo te sove pa gras, pa mwayen la fwa nan Jezikri.
Women.9 :32-33 ; 1Korent.1 :23 ; Efezyen.2 :8

III. Jezi se Pyè mirak la
Se li ki wòch ki detache san moun pa touche l pou l al frape gouvèman mondyal lòm vle mete sou pye a. Danyèl.2 :34

IV. Jezi se Pyè a ki grandi a
Li va grandi pou l ranpli tout la tè apre destriksyon gouvèman mondyal la. Jezi sèl ki va wa. Danyèl.2 :31

V. Jezi se Pyè jijman an
Se sa li va ye pou moun ki pa konvèti yo. Lap kraze brize tout moun ki vle vinn frape avè l. Matye .21 :44

Pou fini

Eske nou vle toujou konpare Jezi ak Pyè ? Kite malere a trankil e pa vin pase l nan tenten kant nou vle mete l lepap.

Kesyon

1. Ki sa gwo wòch la nan Meriba ak Orèb la te reprezante? Jezi-Kri

2. Pran mo nan bouch Pyè pou pale de Jezikri
   a. Se Pyè pwensipal la ki gen gwo pri.
   b. Se Pyè ki detache san moun pa manyen l e ki gen pou l ranpli tout la tè.
   c. Se yon Pyè ki gen repondong
   d. Se yon wòch kap èskandalise anpil moun

3. Vre ou fo
   a. Pyè te merite tit Pap la. __ V __ F
   b. Pyè pat janm fè erè. __ V __ F
   c. Jezi pran anpil non nan Bib la _V _F
   d. Sa ta bon pou nou te gen yon Pap nan Legliz pwotestan yo. __ V __ F

Leson 9
Set (7) aspè soufrans dapre apòt Pyè

Vèsè pou prepare leson an: Tra.5:41; 1Ko.11:31-32; Ebre.11:6; 12:5-13; 1Pyè.1:2-7;.2:20-21; 4:12-19
Vèsè pou li nan klas la: 1Pyè.2 :18-25
Vèsè pou resite: Bondye va beni nou, si, lè y'ap fè nou soufri pou sa nou pa fè, nou sipòte lafliksyon an paske nou konnen se sa Bondye vle. 1Pyè.2 :19
Fason pou fè leson an : diskou, konparezon, kesyon
Bi leson an : Sipòte kretyen yo pou yo kenbe fèm lè yap soufri tout kalite soufrans.

Pou komanse
Pyè vini ak yon sijè ke nou konnen. Sè soufrans li yo pou tèt levanjil. An nou bay Pyè la pawòl.

I. **Men mo ankourajman li bay nou.**
   1. Li vle rekonfòte kretyen Jwif yo ki anba eprèv nan Diasporaa poutèt Levanjil. Li te fè eksperyans sa deja. Travay 5:41; 1Pyè.1 :2-5
      a. Li fè yo konprann ke bi zeprèv yo se pou yo kap bay Bondye lwanj ak lonè jiskaske Kris retounen. 1Pyè.1:7
      b. Se yon onè pou w ap soufri paske w ap fè dibyen akòz Jezikri. 1Pyè.2 : 20-21
      c. Soufrans se yon klas preparatwa pou nou antre danble nan la glwa papa nou an.1Pyè.4 :12-13
      d. Li fè w bay plis valè a nanm ou, pou w depouye w, pou w konfese, pou w prepare w pou Kris kap retounen.
      Ebre.11 :6 ; 1Pyè.1 :7 ; 4 :1-2 ; 5 :10
      Kan nou di ke soufrans soti nan peche, sa pa vle di yon peche ou soti fè kounyeya, li vle pale

pito de kondisyon de peche nou eritye de Adan ak Ev. Jenèz 3 :16-19 ; Women 6 :23 ; 1Pyè.4 :1

II. **Soufrans yon kretyen pou Kris se yon lekòl pou fòme w.** Ebr.12 :5-13
Bondye chatye nou kounyeya pou korije nou, pou nou pa kondanen ansanm ak lemonn.1Ko.11:31-32

III. **Ki konsekans soufrans la gen ladan ?**
1. Jijman Bondye pra l komanse nan legliz pou pini:
   a. Mechan ki nan legliz.
   b. Neglijans kretyen nan sèvis evanjelizasyon an.
   a. Moun kap divize Legliz, kap detri temwayaj legliz la, moun ki refize padonen.
   b. Adiltè, omoseksyèl, volè, moun ki wè nan lajan, moun lach, mentè ak moun ki pa fidèl nan dim yo. Malachi. 3 : 8; 1Pyè. 4:17-19
   c. Moun kap fè landjèz nan legliz pou detrui temwayaj kretyen yo ak pastè a. Moun ki pran legliz pou fè komès yo. 1Pye.4 : 17-19
   d. Moun ki refize ede frè yo ki nan bezwen ». Mat. 25 :40

Pou fini
Eske ou pami moun yo fè soufri ou byen pami moun k'ap fè lòt soufri? Yo chak gen peyman yo. Ak sa ou deja chwazi ki kote ou pral rete nan letènite a.

Kesyon

1. Ki sa ki te kalifye Pyè pou pale de soufrans?
   a. Li te soufri anpil pou Senyè a
   b. Yo te bat li plizyè fwa paske li tap preche Pawòl la.

2. Ki jan li te bay sipò li a Jwif ki te nan Diasporaa ?
   a. Li te rekonfòte yo
   b. Li te fè yo konpran bi soufrans la.

3. Ki jan Pyè te konprann soufrans?
   Tankou yon disiplin

4. Ki sa l vle di kant li di ke Jijman Bondye pral komanse nan Legliz ?»
   a. Kris pral mande Legliz pou rann ki kont de travay li.
   b. Kondanasyon li pra l pi di pase pa payen yo.

Leson 10
Pyè ak sa ki sekrè nan wayom nan

Vèsè pou prepare leson an : Ex.19 :12-25 ; 1Pi. 3 :18-20 ; 4 :17-18 ; 5 :8 ; 2Pi. 1 :1-18; 4 :1-7
Vèsè pou li nan klas la : 1Pi.4 :12-19
Vèsè pou resite : Paske, dat la rive pou jijman Bondye a konmanse. L'ap konmanse ak moun ki nan kay Bondye a anvan. Si li konmanse ak nou, nou pa bezwen mande sak pral rive moun sa yo ki pa koute bon nouvèl Bondye a? 1Pi.4 :17
Fason pou fè leson an : diskou, diskisyon, kesyon
Bi leson an : Pa bay kretyen yo bò pou yo tonbe nan ensousyans.

Pou komanse
Pou jan Pyè ta p viv nan relasyon kole kole ak mèt la, li konnen anpil sekrè ke li revele nou jodia.

I. **Men bagay ke se sèl Pyè ki rapòte nou l**
   1. Li sèl rapòte nou kondanasyon ke Jezi te bay a enkredil yo nan tan Noye. Li te jwen ak yo pandan li te nan tonbo a. 1Pyè.3 : 18-20
   2. Li sèl ki fè nou konnen ki kote jijman Bondye a pra l komanse. 1Pyè.4 :17
   3. Li sèl bay **nou presizyon** ki wòl Satan ap jwe bò kote nou. 1Pyè. 5:8; 2Pi.1 :4-7

II. **Temwayaj èspesyal Pyè sou tèt pa l**
   1. Levenman kote Jezi te klere klere sou mòn nan make tout vi l. 2Pyè.1 :17-18
      Pou twa rezon: Sa ranfòse konviksyon l:
      a. Ke Jezi se Mesi tout bon an ki te pou vini.

b. Ke deklarasyon Kris te bay la vre, kant li te di : « Mwen menm se rezireksyon e lavi a »
c. Tout bon vre, si pat gen yon vi apre lanmò, koman ou te kap eksplike visit Moyiz ak Eli ki te mouri depi plizyè santèn dane? Pyè deja wè ki jan li pral mennen nan letènite.
d. Sa ranfòse konviksyon l sou gras Bondye ke li pa merite. Anwetan Moyiz pat gen moun ki te gen dwa pwoche mòn ki te kouvri ak nwaj Bondye a. Men jodia, li fè menm eksperyans ak Moyiz la, e li pa mouri! Egz.19 :12 ; Mat.17 : 1-5
b. Konsa Bondye nan Jezikri bay li yon mesay an dirèk.

III. **An nou wè patisipasyon nou nan pati saa:**
1. Nou chak ki la se yon Pyè, yon ti wòch pou bati mezon èspirityèl Bondye a.
2. Jezi se gwo wòch la e Pyè se yon ti wòch nan batisman, men li pa yon Pap.
3. Pyè te menm di ke li se yon ansyen tankou lòt yo. 2Pyè.1 :3-9
4. Li egzote kretyen yo pou yo kenbe fwa yo nan Bondye paske li konnen konbyen sa koute kant yon kretyen renye Senyè a. 1Pyè.2 :19-21

Pou fini
Nou wè ki jan apòt Pyè te gen anpil pou rakonte nou ! Sonje di nan kè nou:
Nap swiv mèt la pazapa.
Pa gen anyen kap nwi nou kant se Jezi kap kondi nou.
Kit nou te an jwa, ki nou te gen tristès,
Kit nou te gen gras an abondans, Nap vote pou Jezi nan vi nou.

Kesyon

1. Bay nou kèk ranseyman sou sa ke Pyè sèl rapòte nou:
   a. Jijman enkredil yo nan tan Noye a.
   b. Ki kote jijman an pral komanse.
   c. Ki wòl Satan bò kote nou

2. Ki sa Pyè te kap konprann nan zafè Jezi ki te klere klere a?
   a. Sa ranfòse konviksyon l ke Jezi se Mesi a
   b. Ke Jezi se rezireksyon e la vi
   c. Ke gen yon vi ki egziste apre lanmò,
   d. Ke Jezi se gwo wòch la, e li menm Pyè se te yon tiwòch nan batisman Kris la.

3. Ki jan nou kap wè imilite Pyè?
   a. Li pa di li se yon Pap. Li di li se yon ansyen tankou lòt yo.
   b. Li egzote kretyen yo pou yo gade la fwa.
   c. Li konnen konbyen sa ka koute pou yon moun renye Senyè a.

Leson 11
Fèt manman yo

Vèsè pou prepare leson an: 1Wa.1: 5-6; Pwovèb 29:15; Lik.2: 51-52
Vèsè pou li nan klas la: 1Wa.1 :5-6
Vèsè pou resite: Baton ki korije timoun ap ba yo konprann. Men, timoun yo kite fè sa yo pito gen pou fè manman yo wont. Pwovèb. 29 :15
Fason pou fè leson an : diskou, konparezon, kesyon
Bi leson an : Montre kant yon fanmy bien chita sou edikasyon, li gen plis chans pou ti moun yo kap byen elve.

Pou komanse
San nou pa pale de ti moun ki elve ak etranje, fèt manman gen anpil valè pou ti moun ki elve ansanm ak papa yo ak manman yo. Se de yo nou pra l pale jodia.

I. **Ki jan ti moun sa yo montre afesksyon pou manman yo.**
Yo montre afeksyon an pi byen a kòz lanmou yo jwen nan yon manman. Jezi te jwen jan de afeksyon sa yo kòm premye pitit Mari. Mari pat yon fiy ki te renmen rakonte sa pitit li t'ap fè. Li te pito gade sa sekrè nan kè l. Lik. 2 : 51

II. **Yo konnen yo pap janm kap fin renmèt manman yo sa l fè pou yo.**
Yo konprann ke yon avòtman pa gen la pawòl ; men yon ti moun ki te chita nan vant manman l pandan 9 mwa, yon ti moun manman te gen tranche pou l pouse l, okipe l, pran imilyasyon pou

li, li dwe onore manman sa, e remèsye l tou, si li vle viv lontan. Efezyen.6 :2

III. **Yo gen kè kase kant yon pwoblem parèt nan fanmiy an.**
Kè yo touche kant yo wè yon moun gen yon pwoblèm. Se paske yo te konn viv pwoblèm paran yo lakay la, pou bay yo manje, pou abiye yo, pou voye yo lekòl.

IV. **Yo pi konnen ki jan apresye**
1. Yo kap apresye manje a, rad yo ki pwòp, kay la ki pwòp.
2. Yo konnen pou di mèsi, ki jan tou pou di moun bonjou. Li pi fasil pou yo kap apresye demen moun yo marye ak li a.
Si li pa konsa, yo sanse fè manman yo wont. Pwo. 29 :15

V. **Yo pi fasil konnen ki jan viv ak lòt moun**
Yo pi fasil konn pataje sa yo genyen ak lòt moun, ni jwèt, ni rad ak manje.
Depi moun ap fè yon travay, yo pi fasil ofri pou yo mete men pou ede w.

Pou fini
Sityasyon sa vin pi ra jodia nan sosyete de grenn gòch nou an. An nou bat pou nou boule ak sa nou jwen nan. Men fè yon ti jefò pou nou kap yon egzanp kote nou ye a, paske sa pa kapab rete konsa.

Kesyon

1. Ki sa ki fè ti moun ki elve ak manman ak papa reponn pi byen a afeksyon pou paran yo? Se sa yo jwen lakay la, se li yo renmèt.

2. Ki sa ou kap espere de timoun saa?
   a. Li kap montre l rekonesan a manman l
   b. Li kap pi sansib pou ede nan pwoblèm fanmiy an.
   c. Yo kap pi vit apresye sakrifis paran pou edikasyon yo

3. Ki sa ki kap rive si yo vle bliye bagay sa yo ?
   a. Yo va pou kont yo, yo va fè manman yo wont.
   b. Yo pap janm kapab apresye moun yo marye ak li.

Leson 12
Fèt papa yo

Vèsè pou prepare leson an: 1Wa. 1:5-6; 2 : 13-25 ; Sòm.103: 13; Ebre.12: 5-6
Vèsè pou li nan klas la: 1Wa.1 :5-6
Vèsè pou resite: Men, depi li piti, papa a te gate l', li toujou kite l' fè sa li vle. Adonija te fèt apre Absalon. Li te yon bèl gason tou » 1Wa.1 :6
Fason pou fè leson an: diskou, konparezon, kesyon
Bi leson an : Montre avantaj ti moun ki fèt nan maryaj la genyen.

Pou komanse
San pale jodia de ti moun ki fèt nan yon fanmiy ki byen chita, kote papa ak manman ap viv ansanm, gen ti moun ki regrèt yo te fèt. Ki jan eksplike sa?

I. **Gen ti moun ki pa gen yon papa pou reskonsab yo.**
   1. Lè mesye a te rankontre ak madanm nan, li pat wè zafè pitit ladan. Devèn pa ti moun nan, li vini. Papa pa okipe l. Ti moun nan viv tris tout vi li.
   2. Genyen ki fèt nan plasaj ak manman, paske mesye a gen lòt madanm pou l okipe. Ti moun nan neglije.
   3. Si piti la sanble ak patnè ki pa jwen lanmou an, ti moun sa ap gen pou l pase plis mizè. Tout sa li pa renmen nan patnè a, se pitit la ki pou peye sa.
   4. Ti moun elve san papa konnen se manman ki pou bay li tout bagay. Sinon, li pran woule atè jouk ou bay li sa l mande a. Se sa ki fè kant li vin gran, li fè manifestasyon kont gouvènman pou bay li sa li pat janmen jwen nan yon papa. Se sa

ki te rive Adonija, yon pitit wa David, bo gason, men li te mal elve paske papa l pat janm okipe l. Sa lakòz li fini mal. 1Wa.1 :6, 13-25

II. **An nou wè ti moun ki gen yon bon papa**
1. Li voye l nan bon lekòl pou li gen edikasyon ak pwofesyon. Papa sa pa pè depanse pou li.
2. Li montre ti moun nan respè pou moun ak byen moun.
3. Li fòmen pou l viv nan sosyete.
4. Li pa pè depanse pou li. Kè li touche tankou yon bon papa. Sòm.103 : 13
5. Papa a pini l, se pa tankou yon kaporal men ak bon konprann. Ebre.12 :5-6

Pou fini
Ki jan ou santi w nan fèt papa yo? Eske ou santi w rekonpanse ou byen ofanse?

Kesyon
1. Ki sa ki rive a ti moun paran yo pat bezwen?
   Ti moun nan malere, li pa satisfè, li tris nan vi li.

2. Kote ti moun sa yo soti?
   Nan relasyon chanèl paran yo

3. Ki sa ou kap espere de yon ti moun konsa?
   Sosyete a gen pou soufri sa.

4. Ki jan yo konpòte? Yo pa gen disiplin

5. Ki jan nou wè ti moun papa pran reskonsablite l?
   a. Li voye l lekòl pou li vin yon moun kapab.
   b. Li respèkte tout moun, ni byen moun.

Lis vèsè yo

1. Lè sa a, Pyè di li: Men, koute non. Nou kite tout bagay pou nou swiv ou. Kisak pral rive nou? Matye.19:27

2. Pyè reponn li: Monchè, mwen pa konnen sa ou ap di la a. Menm lè a, antan li t'ap pale toujou, yon kòk pran chante. Lik.22 : 60

3. Se sak fè, moun ki kwè li byen kanpe a, pito li veye kò l' pou l' pa tonbe. 1Kor.10 :12

4. Jezi vire, li gade Pyè, epi Pyè vin chonje pawòl Seyè a te di l': Jòdi a, kòk p'ap gen tan chante, w'ap di ou pa konnen mwen pandan twa fwa. Lik.22 :61

5. Lè sa a Jezi di Simon: Pa pè. Depi koulye a se moun ou pral peche.» Lik. 5 :10b

6. Zanj Seyè a kanpe bò kote tout moun ki gen krentif pou li, pou pwoteje yo. Li delivre yo lè yo nan danje. Sòm.34:8

7. Koulye a, poukisa pou n'ap seye fè plan ak Bondye konsa, lè nou vle fè disip yo pote yon chay ni zansèt nou ni nou menm nou pa t' ka pote? Tra.15 :10

8. Yo tout te bwè menm bwason Lespri Bondye te ba yo a. Se konsa yo t'ap bwè dlo ki t'ap soti nan gwo wòch Lespri Bondye te ba yo epi ki t'ap mache ansanm ak yo a: Wòch sa a, se te Kris la menm. 1Korent.10 :4

9. Bondye va beni nou, si, lè y'ap fè nou soufri pou sa nou pa fè, nou sipòte lafliksyon an paske nou konnen se sa Bondye vle. 1Pyè.2 :19

10. Paske, dat la rive pou jijman Bondye a konmanse. L'ap konmanse ak moun ki nan kay Bondye a anvan. Si li konmanse ak nou, nou pa bezwen mande sak pral rive moun sa yo ki pa koute bon nouvèl Bondye a.? 1Pyè.4 :17

11. Baton ki korije timoun ap ba yo konprann. Men, timoun yo kite fè sa yo pito gen pou fè manman yo wont. Pwovèb. 29 :15

12. Men, depi li piti, papa a te gate l', li toujou kite l' fè sa li vle. Adonija te fèt apre Absalon. Li te yon bèl gason tou » 1Wa.1 :6

Evalyasyon Pèsonèl

1. Ki pwen nan 12 leson yo ki te pi touche w ?
   _____

2. Ki sa ou jwen nan li
   a. Pou tèt pa w ?
   _____
   b. Pou fanmiy w ?
   _____
   c. Pou Legliz w ?
   _____
   d. Pou peyi w ?
   _____

3. Ki desizyon ou vle pran imedyatman apre klas la ?
   _____

4. Men sijesyon, mwen (Untel), mwen genyen pou Lekòl dimanch nan Legliz mwen :
   a. _____
   b. _____
   c. _____

5. Kesyon pou w reponn a tèt ou sèlman
   a. Ki sa mwen vo pou Legliz la depi mwen la ?
   b. Ki sa mwen vle fè pou li vin pi miyò ?
   c. Si Jezi vini kounyeya, eske m pap wont akòz jan de fwi yo mwen kap prezante l ?

Dife 14-Seri 3

Gwo Sekrè Yo Nan Sòm 23

Avangou

Anwetan David, pa gen moun ki kap pale pi byen de mouton pou konpare relasyon pèsonèl li ak Bondye. Avan Bondye te mete l bèje pèp Izrayèl, li te konn gade mouton papa l yo. Jezi te pran menm ilistrasyon saa pou di tèt pa l, li se bon Bèje a. E moun ki ekri gwo lèt pou Ebre yo, li rele l gran pastè brebi yo. *Sonje ke pastè ak bèje vle di menm bagay. Ebre.13 :20*
Poutèt pa mwen, mwen gen yon ti lide sou mouton paske mwen konn ap wè yo nan pak zannimo kay papa mwen, lè mwen ale nan vakans andeyò. Jodia a menm, mwen pi kap pale de sa paske mwen vin yon pastè. Konsa mwen gen avantaj tankou David te genyen pou m pale de mouton.
Nou pral eseye dekouvri lanmou Bondye gen pou nou nan sa nou jwen nan Sòm 23.

Pastè Renaut Pierre-Louis

Leson 1
Bèje wa David la

Vèsè pou prepare leson an: Sòm.23:1-6; Miche.5: 1 ; Matye. 28:20; Lik. 10 :19 ; 22 :35 ; Jan. 8 :24 ; 10 :11 ; 11 :28 ; 14 : 10-27 ; Women.8 :1
Vèsè pou li nan klas la : Sòm.23 :1-6
Vèsè pou resite: Se mwen menm ki bon gadò mouton yo. Bon gadò a ap bay lavi l' pou mouton l' yo. Jan. 10:11
Fason pou fè leson an : diskou, konparezon, kesyon
Bi leson an: Montre ki jan yon kretyen kap temwaye ke Bondye se bèje l.

Pou komanse
Chak bèje dwe gen bèje pa l. David te yon bèje. Li di nou: Letènèl se bèje mwen. Sòm.23 :1

I. **Ki jan li prezante nou pastè li a ?**
 1. Li prezante l tankou Bondye te zafè pèsonèl li: Nou santi sa kant li di : Letènèl se Bèje pa m, li okipe nanm **mwen**, li ak **mwen**, li devan **mwen**, li mennen nanm **mwen** nan rèstoran. V. 4 -5
    a. Li pa deside twoke Bondye l pou anyen. E piske Bèje l la etènèl, konsa bonte li, fidelite li, amou li pap janm fini.
    b. Li rekonèt li kòm sèl Dye ki gen dwa sou li.
 2. Nan temwayaj li, li bay nou enpresyon ke li ap pale ak twa moun.
    a. Premye a ke li pa idantifye, lap di l ki jan de relasyon li gen ak Bondye pa l la. Sòm.23 :1-3
    b. Toudenkou, li adrese l a yon lòt, ki te Letènèl menm. Li ap bay li glwa pou byenfè li yo ke li pap janmen bliye. Sòm.23 : 4 et 5

c. Twazyèm moun nan, se David li menm ki pran desizyon pou li abite nan menm adrès ak Letènèl jouk li mouri. Sòm.23 :6

II. **Ki jan David rele Bondye l la ?**
Li bay li menm non Jezikri genyen nan Nouvo Kontra a:
1. **Jewova-Rohi** ki vle di Letènèl se pastè m. Sòm.23 :1
Jezi di « li se bon bèje a ». Jan.10 : 11
2. **Jewova-Jire** ki vle di Letènèl ap pran swen m. Mwen pap janm manke anyen. Sòm.23 :1
Jezi te fè disip li yo konprann sa tou. Lik.22 : 35
3. **Jewova-Shalom** ki vle di Letènèl bay la pè. Li fè gen kè poze. Li mennenm kote dlo a koule pi fre. Sòm.23 :2
Jezi di : M ap bay ou la pè. Jan.14 :27
4. **Jewova-Sidkenu** ki vle di Letènèl banm jistis. Li kondi m nan wout ki gen jistis la poutèt repitasyon l. Sòm.23 : 3
Jezi pran defans nou toutan. Lik.10 :19
5. **Jewova-Shamma** ki vle di Letènèl isit la. Mwen pa pè anyen paske l avè m. Sòm.23 :4
Jezi, se Jehovah-Shamma. Prezans li te sifi pou chanje sityasyon Laza. Jan.11 : 28
6. **El-Shaddai** ki vle di Bondye Toupisan. Li pa pè ranje kouvè pou mwen anfas lèdmi m yo. Sòm.23 : 5
Satan blije bay Jezi le gen. Wom.8 :1
7. **El Olam** ki vle di Bondye ki la depi toutan an. Se kay li map rete jouk mwen mouri. Sòm.23 :6 ; Mi.5 :1.
Jezi se menm ak Papa l. Jan.14 :10-11

Pou fini
Tanpri, pran Jezi pou bèje w. La sove w tou. Jan.8 :24

Kesyon

1. Bay nou non Letènèl nan Sòm saa. Jehovah-Rohi, Jehovah-Jire, Jehovah-shalòm, Jehovah-Sidkenu, Jehovah-Shamma, El-Shaddai, El Olam.

2. Di nou ki lès ladan ki pi sanble ak Bondye nou an:
   a. Letènèl se vwazen mwen. Se yon bonjou mwen gen avè l.
   b. Letènèl se dòktè m. Mwen konsilte l toutan.
   c. Letènèl se bòs mwen. Se sèl nan biro l nou kap jwen.
   d. Letènèl se gadò mwen. Men toujou nan prezans li.

3. Pouki David te chwazi non gadò a pou l pale nou de Letènèl?
   a. Paske se Letènèl kap veye sou li.
   b. Paske Letènèl pa gen parèy.

4. Pouki kretyen yo bay Jezikri menm tit saa? Paske se menm Bondye a ki nan Nouvo Kontraa.

Leson 2
Mwen pap janm manke anyen

Vèsè pou prepare leson an : Egz.16 :18 ; De. 2 :7 ; 8 : 7-9 ; 15 : 11 ; 29 :5 ; Sòm.41 :4 ; 116 : 3-4 ; Eza.51 :14 ; Mat. 6 :25-34 ; 26 :11 ; Mk.10 :21 ; Lik. 12 :16-20 ; 22 :35 ; 2Ko.11 :9 ; Fi.4 : 6-12 ; Ja.2 :15
Vèsè pou li nan klas la : Mat.6 :31-34
Vèsè pou resite : Pa bay kò nou traka pou anyen. Men, nan tout sikonstans mande Bondye tou sa nou bezwen nan lapriyè. Toujou chonje di l' mèsi tou lè n'ap lapriyè. Fil.4 :6
Fason pou fè leson an : diskou, konparezon, kesyon
Bi leson an : Ankouraje kretyen yo pou yo mete konfyans yo nan Bondye sèl.

Pou komanse
Genyen anpil bèt ki pa bezwen yon gadò. Nou tande pale de chwal mawon, chat mawon, kochon mawon, kabri mawon. Men ou pa janm tande pale de mouton mawon. Pouki sa? Se paske mouton pa kap viv san li pa gen yon pastè.

I. **Pouki sa?**
   1. Mouton an frajil anpil.
   2. Li sòt. Li kapab pèdi tèt li e li kapab fè tèt li mal pou gremesi.

II. **Li bezwen rete sou kont yon pastè pou tout sa li bezwen.**
   1. Pou sa li bezwen chak jou.
   2. Pou pwoteje l kont lèdmi yo ak fo pastè yo
   3. Pou pwoteje sante l
   5. Pou dirije l. Sòm.41 : 4; 116 :3-4

Paske Letènèl se pastè David li ye, li gen dwa di :
Mwen pap janm manke anyen.
Li sonje tout swen Letènèl te bay a pèp Izrayèl
pandan 40 lane li t' ap mache nan dezè a.
Egzòd 16.18 ; Detewonòm. 2.7
a. Rad yo pat chire, ni pye yo pat anfle. 29 : 5
b. Letènèl te pwomèt pou l fè yo rich. De 8 :7-9
c. Ata prizonye pat manke manje. Es 51 :14
d. Jezi te poze disip yo kesyon: « Kant mwen te voye nou nan misyon san nou pat bezwen pote bous, ni sak, ni de pè soulye, ki sa nou te manke ? Yo di : « Anyen.» Lik 22.35

III. **Sa ki fè nou gen moun pòv nan mitan nou ?**
1. Paske Bondye vle ke rich yo ede moun pòv. Si nou gen malè bliye sa, Bondye ap revoke nou tankou move jeran byen li yo. De. 15 :11 ; Matye.26 :11 ; Mak 10.21 ; Lik.12 :16-20
2. Mo *Manke* a, soti nan Ebre ki vle di : *Hasar* Sa kap vle di ke yon frè w kap tonbe nan yo sityasyon sanzatann. Depi ou konn sa, ou te dwe al pote l sekou.
2Korent 11 :9 ; Filipyen.4 :12 ; Jak.2 :15

Pou fini
Bat pou nou bon asosye Bondye nan fason n'ap jere byen nou. Pa bliye nou gen pou rann li kont.

Kesyon

1. Ki bèt nou konnen ki pa kap viv san gadò?
   Mouton

2. Pouki sa ?
   a. Li sòt e li pa gen fòs pou l kenbe.
   b. Li kap pèdi wout li byen fasil.
   c. Li kap fè tèt li mal pou gremesi.

3. Ki wòl bèje a ki a kote l la?
   Li dwe bay li manje, swanye l, kondi l e pwoteje l.

4. Poukisa Bondye dakò gen moun pòv pami nou?
   Li vle nou ede yo

5. Ki sa mo **manke** a vle di nan lang ebre yo? **Hasar**

Leson 3
Gadò a dwe konnen mouton yo

Vèsè pou prepare leson an : Sòm. 42 :12 ; Ezekyèl .34 : 18-22 ; Lik.15 :2-7 ; Jan.10 :3 ; Filipyen 2 :3-4 ; Kolosyen.3 :15 ; Ebre.12 :1-15
Vèsè pou li nan klas la : Ezekyèl.34 :1-10
Vèsè pou resite : Mwen konnen mouton m yo. Yo menm yo konnen m tou. Jan.10:14
Fason pou fè leson an: diskou, konparezon, kesyon
Bi leson an: Montre bon relasyon gadò a ak mouton l yo.

Pou komanse
Bay sa ki pou li ; bèje nan peyi Izrayèl la konnen chak mouton l anpatikilye.

I. **Li rele yo dapre non li bay yo**
  Li pran mouton an tankou se te pitit li. Li pap janm mare l nan yon kòd pou l rale l. Sizoka mouton an ta pèdi, kant li jwen li, li pito pote l sou zepòl li, menm si li te sal, santi tankou charon y Jan.10 : 3

II. **Li konnen yo dapre konpòtman yo.**
  1. Li konnen gen gwo bouk mouton ki renmen fè ti mouton yo mechanste.
    a. Yo konn vle anpeche yo bwè. Ez.34 :18-19
    b. Yo kouri dèyè piti yo ak kout kò n. Se sa ki fè pwofèt Ezekyèl pale de jijman kap tan yo pou yo peye mechanste yo. Ez.34 :20-22
    Sa se yon ilistraksyon de moun kap itilize enfliyans yo pou yo fè piti yo abi. Yo bliye ke Levanjil la se pa yon zafè de moun kap pran pòz;

se pito yon zafè de rann Bondye sèvis nan frè ak sè nou yo ononde Jezi. Fil.2 :3-4
Bondye mande nou pou nou ini e pou nou viv anpè yonn ak lòt. Kol.3 :15.

II. Li konnen ki lè yo chite

1. Kan mouton an twò gra ou si li gen twòp pwal sou do l, li konn mal pou l leve kanpe. Lè li fè cho anpil, mouton an kap mouri fasil. Sa kap rive tou si l fè gwo fredi tou. Se lè sa bèt sovaj yo pwofite pou manje yo ; nap pale de lou, tig, ous, ak lyon.
2. Bon bèje a taye gwo pwal sou mouton an pou fè l mache alèz.
   a. Kretyen pa bezwen dekouraje ak desèpsyon nan la vi sa depi li konnen li gen Letènèl pou bèje l. Sòm.42 :11
   b. Jezi, se bon bèje a. Li pra l chèche w kote w ye a. Li pral depouye w de tout sa ki te anpeche w pèsevere a : Pafwa se twòp byen materyèl, twòp zanmi, twòp plezi, ou byen twòp aktivite initil ki kòz ou pèdi gou levanjil la nan bouch ou. Lik. 15:2-7

Pou fini

Men si Bondye ta pini w, tanpri, fè l konfyans paske Li se yon Papa w ki toujou fidèl. Ebre. 12 : 6

Kesyon

1. Ki jan bèje a pran mouton an?
   Tankou yon pitit nan fanmiy li

2. Ki jan li boule ak mouton li ki te pèdi?
   Li pote l sou zepòl li kelkanswa kondisyon l.

3. Ki sa bèje a konnen de mouton li yo?
   a. Li konnen non yo
   b. Li konnen abitid yo
   c. Li konnen lè yo chite

4. Ki jan nou konprann Levanjil la ?
   Se yon zafè moun ki konsakre tout bon nan sèvis Bondye

5. Ki sa bèje a fè pou soulaje mouton li yo?
   Li wete anpil pwal sou do l.

6. Ki sa Bondye konn fè pou nou pi dispoze sèvi l?
   Li konn wete nan men nou kèk byen materyèl, kèk aktivite e li konn mete nou lwen kèk zanmi.

Leson 4
Bon laswenyaj bèje a bay mouton pou kont li

Vèsè pou prepare leson an : 1 Sam. 17 : 34-36 ;
Job.37 :7 ; Sòm.23 :1-6 ; 121 :8 ; 139 : 23-24 ; 147 :4 ;
Eze.20 :37 ; Mat. 4 :1-10 ; 10 :30 ; Lik.9 :23 ; Jan.10 :1-11 ; 1Ko.2 :12 ; Ef.4 :11-30 ; Fil.3 :13-14
Vèsè pou li nan klas la : Jan.10 : 1-8
Vèsè pou resite : Lè li fin fè yo tout soti, li mache devan yo; tout mouton yo swiv li paske yo konnen vwa li.Jan.10 : 4
Fason pou fè leson an : diskou, konparezon, kesyon
Bi leson an : Montre ki jan Bondye gen fèb pou nou.

Pou komanse
Bèje a pa aji ak mouton l tankou se te yon bòs travay ki wè enterè l sèlman nan anplwye a. Se tout vi li li bay pou mouton l.

I. **Li konte yo grenn pa grenn.**
1. Li gen yon bwa long nan men li pou l konte mouton yo a chak jou lè yap soti e lè yap rantre nan pak la. Li fè sa pou pwoteje repitasyon l. Sòm.121: 8 ; Jan.10 :9
2. Li kap bay vi li menm pou sove yon mouton. David espoze vi l pou sove mouton l anba lyon ak tig. Se te estaj li tap fè san l pat konnen pou l te touye Goliat. 1Samyèl. 17 :34-36
Jezi bay vi li pou nou. Jan.10 :11

II. **Li konnen yo chak anpatikilye.**
1. Menm jan Bondye konte tout zetwal yo, li bay yo chak yon non, Sòm.147 : 4.

2. Se menm jan tou, li konnen nou anpatikilye. Li konte menm grenn cheve nan tèt nou. Mat.10 :30 ; Jan.10 : 3
3. Li mete yon mak siyati li sou plat men chak moun, pou pèson pa di se pa Bondye ki te fè w. Jòb.37 :7
4. Sèlman li mete Espri li sou chak pitit li pou pèmèt yo kominike avè l. 1Ko.2 :12; Ef.4 :30

III. **Li bay yo swen anpatikilye**
1. Li kanpe la pou l bay yo ni bwè ni manje.
   a. Jezi, bon bèje a mache devan nou. Jan.10 :4
   b. Nou swiv tras li, janmen nou pap swiv yon etranje. Jan.10 :5
2. Kretyen ki la pou fè wè pap janm kap swiv Jezi ki bèje tout bon an.

IV. **Ki sa Bondye mande nou:**
1. Pou nou asèpte disipli n li. Se sa ki garanti sekirite nou. Sòm.23 : 4.
2. Se pou nou asèpte yo fè nou egzotasyon dapre Pawòl la pou pwoteje nou kont Satan ledyab. Sòm.139: 23-24; Ezekyèl.20 :37; Matye.4 :4,6,10
3. Se pou nou asèpte pèdi dwa nou ak sa nou renmen pou nou obeyi l san konprann. Lik.9 :23 ; Fil.3 :13-14

Pou fini
An nou apresye direksyon li ak swen li bay nou ; An nou bay li glwa ; An nou rete ansanm avè l jouk la fen. Sòm.23 :6

Kesyon

1. Koman nou kap eksplike fèb yon bèje pou mouton l?
   a. Li bay tout vi l pou mouton yo.
   b. Li kontwole yo chak jou, maten ak aswè
   c. Li konnen yon anpatikilye
   d. Li bay yo swen anpatikilye

2. Bay nou yon egzanp de bèje ki devwe. Jezi

3. Pouki baton long nan la? Pou Bèje a kap konte mouton yo. Pou rale yo soti nan danje.

4. Koman nou kwè ke Bondye gen yon swen anpatikilye pou nou chak ?
   a. Li mete siyati li sou men chak moun.
   b. Li konte grenn cheve nan tèt nou.
   c. Li mete so Sentespri a sou chak pitit li yo

5. Ki sa li mande nou pou nou fè?
   a. Se pou nou asèpte otorite l sou nou.
   b. Se pou asèpte egzotasyon dapre pawòl li.
   c. Pou nou mete a kote dwa nou ak sa nou renmen pou nou obeyi l.
   d. Pou nou apresye l, loure l, sèvi l jouk nou mouri.

Leson 5
Kote zèb yo pi bèl se la li fè m pran repo

Vèsè pou prepare leson an : Sòm.91 :1-16 ; Ezekyèl.34 : 20-22 ; Mk. 6 :30-31 ; 1Ti. 3 :3 ; 5 :8

Vèsè pou li nan klas la : Sòm.91 :1-11

Vèsè pou resite : Moun ki chache pwoteksyon bò kote Bondye ki anwo nan syèl la, moun ki rete kache anba zèl Bondye ki gen tout pouvwa a. Sòm.91 :1

Fason pou fè leson an : diskou, konparezon, kesyon

Bi leson an : Montre ki jan Bondye pran kontwòl vi nou.

Pou komanse
La nan mitan zèb vèt la, pastè a oblije mouton an kouche. Ki rezon li gen pou sa? Fòk ou ta konnen tanperaman mouton an.

I. **Ki tanperaman mouton an :**
Li genyen 4 bagay pou w fè pou li pou l rete trankil:
1. **Fòk lòt mouton yo pa nwi l.** Sansa li pèdi kontwòl li. Se yon rezon ki fè Bondye gen pou jije mouton arogan yo kap mete pwoblèm nan troupo a. Ezekyèl.34 :20-22
2. **Fòk parazit pa nwi l.** Li pa santi l kapab sipòte pèsekisyon. Parazit sa yo kap byen difikilte ak bòpè, bèlmè, kritik a patnè l, chomaj, pa gen travay pou kèk jou, pwoblèm lajan e sitou tripotaj.
3. **Fòk li pa grangou.** Mouton an ka fè gwo betiz si bèje a pa mennen l kote ki gen bon zèb pou l manje.
Se wòl bon bèje pou bay mouton an bon mesaj, bon etid biblik pou nanm li nouri.

4. **Fòk li pa gen anyen pou fè l pè.** Mouton sezi pou nenpòt ti bri. Lap kouri kite bèje a pou l ale kote w pa konnen. Pou kretyen pa twouble li dwe rete sou jenou l nan lapriyè. Li difisil pou yon kretyen ki rete ajenou ka tranble devan pwoblèm.

II. Mouton pa gen disiplin.
1. Fòk li genyen yon bèje pou dirije l.
2. Mouton afre. Li pa konn ki lè pou l sispann manje. Bèje a blije fè l rete trankil pou l kontwole apeti l.
3. Ki sa nou jwen nan sa ?
   Yon bon pastè dwe gen yon pwogram byen balanse pou fidè l li yo.
   Li pa dwe riske sante moun yo nan plizyè 40 jou jèn nan yon lane. Se tankou li tap lave sèvo moun yo e sa pap janm bon pou sante yo ni pou fanmiy yo.
   a. Kretyen an kap pèdi san fwa ak tout kapasite pou l reflechi e pran swen fanmiy li. 1Timote.5 :8
   b. Li kwè li èspirityèl e poutan, li pèdi kontwòl fasil e li fè anpil erè ke li kap regrete pita.
   c. Olye de meditasyon, li viv ak eksitasyon. Alafen, li fache pou nenpòt ti bagay. Li oblije toutan ap fè eskiz paske li ofanse moun san nesesite. 1Timote.3 :3

II. Bon bèje a varye aktivite yo nan legliz pou bay moun yo yon ti rekreyasyon nan lèspri yo. Gade sa Jezi fè : Kan disip yo fin bay li rapò anpil travay yo sot fè, li di yo, « Cheche yon kote pou nou pran yon ti kanpo. Mak. 6 :30-31

Pou fini

Legliz bezwen gen yon moman pou vakans, pou piknik, pou èspò, lapèch, la chas ak ti pwomnad. Sa depan de kote yo rete a ak dispozisyon manm yo. An nou chèche pwofite jou konje yo pou sa.

Kesyon

1. Ki kondisyon pou yon mouton ka rete trankil?
   a. Fòk pa gen anyen pou fèl pè
   b. Fòk pa gen lòt mouton kap nwi l
   c. Fok li pa gen mouch ak parazit kap nwi l.
   d. Fòk li jwen bon manje pou l manje.

2. Ki defo mouton an genyen?
   a. Li pa gen disiplin.
   b. Li pèdi san fwa byen fasil
   c. Li pa gen lespri pou l jije bagay yo jan yo ye

3. Koman eksplike ke li pa gen disiplin?
   Lè li gran gou, li manje, li pa konn ki lè pou l sispan manje.

4. Ki sa bèje a fè nan ka saa?
   Li bati yon pwogram pou mouton an.

5. Ki sa bèje a dwe fè pou bay mouton an yon ti rekreyasyon?
   a. Li dwe chanje aktivite yo de tanzantan
   b. Li dwe pwofite jou konje yo pou fè yon bagay diferan.

Leson 6
Li mennen m bwè kote dlo a koule pi fre

Vèsè pou prepare leson an: Ex.13: 17; Sòm.4:9; Es.48 :12-19 ; Jan.7: 37-39; 10:16; Wo.12:2; Ef.5: 19-20; 1Ti.4:13; Ebre.13:20

Vèsè pou li nan klas la : Esa.48 :12-19

Vèsè pou resite : Bondye pèp Izrayèl la ki yon Bondye apa, Seyè k'ap delivre yo a, men sa li di: -Se mwen menm ki Seyè a, Bondye nou an. Se mwen menm k'ap moutre nou sa ki pou byen nou. Se mwen menm k'ap mennen nou nan chemen pou nou swiv la.. Esa. 48 :17

Fason pou fè leson an : diskou, konparezon, kesyon

Bi leson an : Montre lòt prekosyon bèje a pran pou pwoteje troupo a.

Pou komanse
Nan pwen bèt kapon tankou mouton. Li swaf, li refize bwa. Wa mande pastè l pouki.

I. **Ki jan mouton an ye?**
  1. Li kapon anpil, anpil. La pap bwè nan dlo sal, dlo boulvèse. La kite sa pou bèf ak kabrit.
  Zafè klib, kazino, kanaval, vye misik ak vye fim sinema, manifestasyon pap janm satisfè mouton an paske Jezi bay li gen bon dlo pawòl li. Jan.7 :37-39
  Bondye dirije nou kote dlo a pi poze a, kote li kap genyen kras pwoblèm. Egzòd.13 :17
   a. Mouton pa mal pou l tonbe malad. Kan li manje la pwent zèb apre la pli fin tonbe, li gen diyare.

Menm jan tou, kretyen pa dwe fou pou tout vye chante, misik, ak mòd yo ki fèk parèt paske yap elwaye l de Bondye.

b. Bèje a dwe montre l chan pou remonte l, chan pou ede l chase demon, geri malak, chan pou ogmante fwa l. Efezyen.5 :19-20
c. Li dwe ankouraje l li bib li chak jou, pou l sa mete fwa l nan Bondye. 1Ti.4 :13
d. Konsa la pi dispoze pou l priye, pou l sèvi Bondye ak pwochen l, pou l kontribye, pou l padonen e konprann frè l ak sè l yo. Wo.12 :2

II. **Ki sa ki Mouton Senyè a ?**
1. Tou dabò, se jwif yo.
2. Answit, se payen yo : Jezi rele yo « mouton ki pa ankò antre nan pak la. Li di fòk li ale chèche yo. Depi yo tande vwa l, a va genyen yon sèl pak mouton ak yon sèl bèje.» Jan 10.16 Li pa pè depanse tout gout san l pou yo. Ebre.13 :20

Pou fini
Si se tout bon vre, ou menm se mouton Bondye ou ye, an nou di ansanm ak David : Mwen kouche e mwen domi trankil paske se ou menm sèl, Senyè ki bay mwen pwoteksyon lakay mwen. Sòm.4 :9

Kesyon

1. Ki jan mouton ye ? Bay egzanp
   a. Li kapon. Li pap bwè nan dlo sal.
   b. Li pa mal pou l malad.
   c. Si li manje lapwent zèb apre la pli, li va gen diyare

2. Ki sa ou jwen ankò nan mouton an.
   a. Li pa gen matirite èspityèl.
   b. Li fè foli pou tout chante, misik, ou byen mòd ki fèk parèt.

3. Ki sa bèje a dwe fè nan ka sa yo?
   a. Li dwe ankouraje moun yo li bib, priye, padonen tout moun.
   b. Bay yo aktivite pou yo fè.
   c. Li dwe ankouraje yo renmen tout moun.

4. Ki moun Jezi rele mouton an?
   Se Jwif yo answit payen kap konvèti yo.

5. Bay nou yon vèsè ki montre ke mouton an satisfè.
   Mwen kouche e mwen domi trankil paske se ou menm sèl, Senyè ki bay mwen pwoteksyon lakay mwen.

Leson 7
Li kondi m nan chemen Jistis la

Vèsè pou prepare leson an: Nonb 14:34; No.9:15-22; 14:9; Sòm.1:1; 25: 8-14; 104:20-22; 121:6; 125:3; Pwovèb.1:4-28; Lik.6:30-35; 1Ko.10:4; Rev.7:17
Vèsè pou li nan klas la : Sòm.25 :8-14
Vèsè pou resite : Li pran men moun ki soumèt devan l' yo, li fè yo mache nan bon chemen an, li moutre yo jan li vle pou yo viv la. Sòm. 25 :9
Fason pou fè leson an : diskou, konparezon, kesyon
Bi leson an : montre ki jan Bondye bay premye plas a moun ki fè yo piti devan l.

Pou komanse
Mo **Kondi** a nan lang Ebre a se **Nahag**. Li vle di **m'ap dirije w pandan w'ap mache**. Bondye fè nou vanse, pou nou pwoche menm sa ki fè nou pè. Pouki sa?

I. Se pou li kapab sove repitasyon l.
1. Repitasyon Bondye bese devan payen yo kan nou aji mal. Women 2 :24
   Pou rezon saa, li mande nou pou nou byen aji.
2. Li ekate nou de moun arogan, ak tapajè. Sòm.1 :1
3. Li elwaye nou de sityasyon dwòl.
4. Li kap deside menm debarase nou de kèk zanmi, de kèk bagay materyèl pou li pwòpte vi espirityèl nou. Se pousa li di nou: Pa al goumen ak moun pou nou reprann byen nou yo vole.» Lik.6 :30
   a. Jezi pra l renmèt ou tout sa yo te volè a, wè pa wè. Jezi ap fè depozit nan Bank ou genyen nan syèl la. Moun pap janm kap kalkile gwo pwofit wap jwen nan Bondye. Lik. 6 :35

II. **Se pou mouton a kap toujou fè l konfyans**
Ki jan ou kap konpran ke twa milyon moun ap viv nan Dezè Sinayi a
1. Pa prèske gen dlo. Soley la ap seche w.
2. Kan solèy kouche, tout bèt sovaj yo deyò. Gen gwo koulèb nan yo tou. Sòm.104 :20-22
3. Ou pa kapab fè jaden nan Dezè a.
   a. Bondye pou kont li, nouri yo pandan karant an nan Dezè a. Nonb 14 :34
   b. Li fè dlo soti nan wòch pou bay yo bwè. Se Apòt Pòl ki vinn fè nou konnen ke wòch saa, se te Jezikri. 1Korent.10 :4 ; Revelasyon.7 :17
   c. Lajounen, Bondye kouvri yo anba yon gwo nyaj. Aswè, li mete yon Dife Tou Limen pou bèt sovaj pa pwoche yo. Nonb.9 :15-16 ; Sòm.121 : 6
   d. Sèlman pèp la dwe kanpe e li dwe deplase kan Bondye bay lòd pou sa. Li dwe kontante l sèlman ak sa Bondye bay li. Nonb.9 :18-19, 22
   Pèp payen an pat gen privilèj saa yo. Nonb.14 :9

III. **Pou yo te kap respèkte tout bagay ki moral ak espirityèl.** Pwo.1 : 4,18, 28
Izrayèl pat gen okenn rezon pou l te manke Bondye dega ni Moyiz, pou l mande tounen Anejip. Letènèl te bay yo twòp prèv ke li te yon bon pastè.

Pou fini
Tanpri, rete anba lonbraj Kris la. Lap bon pou repitasyon Bondye e l'ap bon pou w ou tou.

Kesyon

1. Ki sa mo kondi a vle di nan lang Ebre a?
   M'ap dirije w pandan w'ap mache

2. Pouki sa pastè a angaje l pou l kondi troupo a?
   a. Pou sove repitasyon l
   b. Pou mouton yo k'ap fè l konfyans
   c. Pou l fè respekte tout valè moral ak espirityèl yo

3. Ki disiplin li blije pran pou sove repitasyon l?
   a. Li blije nou kenbe chemen nou dwat.
   b. Li evite nou gen kontak ak moun ki vyolan.
   c. Li evite nou sityasyon ki k'ap barase nou.
   d. Li konn menm fè nou genyen nan li sa li fè nou pèdi nan lòt moun.

4. Ki sa li fè pou oblije nou fè l konfyans?
   Se li menm ki chwazi sa pou nou manje.

5. Pouki sa Izrayèl pat gen okenn rezon pou deside retounen Anejip?
   Paske Letènèl te deja bay li twòp prèv ke li se yon bon bèje.

Leson 8
Li avè m lè lanmò vin frape m

Vèsè pou prepare leson an: Sòm. 16: 8; 34:8-20; 41: 2; 116:3-6; Ezayi: 41: 1-16; 43: 1-5; Lik.9:60; 16:22; Jan.7:30; 10:11; 16: 33

Vèsè pou li nan klas la : Ezayi.43 :1-5

Vèsè pou resite : Lè n'ap pase sou lanmè, m'ap kanpe la avèk nou. Lè n'ap janbe gwo dlo, dlo a p'ap bwote nou ale. Lè n'ap mache nan mitan dife, dife p'ap boule nou. Flanm dife a p'ap fè nou anyen. Ezayi.43 : 2

Fason pou fè leson an : diskou, konparezon, kesyon

Bi leson an: Montre tout pwoteksyon Bondye bay nou

Pou komanse
Mouton se yon bèt ki enpridan. Li pa menm wè si l pra l tonbe nan falèz. Ki sa bèje a fè lè saa?

I. **Li blije kanpe ant brebi a ak danje a.**
   1. Kant n'ap gade monn saa, li sanble ak yon gwo simetyè chaje ak kadav.
   2. Pou Jezi yon moun ki pa konvèti ak yon kadav se menm bagay. Li rele yo mò kap okipe mò kanmarad yo. Lik.9:60
      a. Zo mò ap fè nou grimas tout patou. Move zodè prèt pou toufe nou. Nou pap mal pou pran enfeksyon.
      Mò sa yo se bann moun ki livre yo nan Dyab la, nan dwòg, nan banbòch fanm ak gason, nan bòkò, nan zanj rebèl, nan koripsyon ak sipèstisyon. Yap pote lanmò a nan vi yo. Se la danje a ye pou mouton Bondye yo. Se tankou yo t'ap viv nan mitan bèt sovaj. Mak.1 :13

Jezi se bon Bèje a. Li bay vi l pou mouton l yo. Jan.10 :11
Nan Ansyen Kontraa, li rele «Lanj Letènèl».
Se li ki vlope nou pou wete nou nan danje a. Sòm.34 : 8

II. Mouton yo santi yo gen sekirite ak yon pastè ki pran reskonsablite l
1. Kretyen an lage kò l nan men Bondye. Gen bagay, se li sèl ki wè l pou nou.
2. Li vinn pote nou sekou e li pa janm anreta. Li konn fè nou wè danje nou te pral tonbe ladan an, answit li retire nou. Si malè rive nou, lap toujou delivre nou. Sòm.34 : 20

II. Men Bondye poze sou nou.
1. Li pwoteje nou. Tan se pa lè nou an ki rive, pa gen moun ki k'ap nwi nou. Jan.7 :30
2. Li geri nou de tout maladi nou yo. Sòm. 41 :2; 116 : 3-6
3. Li kanpe a dwat nou pou defann nou e pou anpeche nou chite. Sòm.16 :8
4. Odènye jou li gen pou l voye zanj li yo vinn chèche nou. Sonje zanj yo pap pote moun mouri, men se moun ki vivan. Si w doute, ou mèt al mande Laza. Lik.16 : 22

Pou fini
Lemonn ap toujou tante nou ak vye bagay li yo ; men ak Jezi ki kenbe nou, nou deja gen viktwa. Jan.16 :33

Kesyon

1. Ki kote bèje a mete l lè nou andanje ?
   Li kanpe egzakteman ant nou menm ak danje a.

2. Pouki Jezikri pran monn saa?
   Pou yon gwo simetyè

3. Ki non Jezikri te gen nan Ansyen kontraa ?
   Lanj Letènèl

4. Nan ki kondisyon monn sa ap viv kounyeya?
   a. Se yon fon zòsman kap fè moun pè.
   b. Se yon depo charon y pou fè moun malad.

5. Ki jan mouton yo santi yo bò kote bèje yo?
   Yo santi yo gen sekirite.

6. Ki sa li fè pou nou ?
   a. Li pwoteje nou
   b. Li geri maladi nou
   c. Li pran defans nou.
   d. Li gen pou l voye zanj vin chèche nou lè n'ap kite tè saa.

Leson 9
Ak yon gòl long ak baton l, Li bay nou sekirite

Vèsè pou prepare leson an: Jeremi. 30:1-24; Lik. 2:7; 9:23; Travay.22:1-3; 1Korent.15:33; 2Korent. 12:1-10; 11: 23-32; 12:7; Filipyen.3:4-6; 2Timote. 3:12; 4:14; Ebre.12: 8; 13:20; 3Jan.9-11

Vèsè pou li nan klas la : Jeremi.30 :8-11

Vèsè pou resite : M'ap disparèt tout nasyon kote mwen te gaye nou yo. Nou menm, mwen p'ap detwi nou. Men, pou pini se pou m' pini nou, jan sa dwe fèt. Mwen p'ap kite anyen pou nou.Jer.30 : 11b

Fason pou fè leson an : diskou, konparezon, kesyon

Bi leson an : Montre ki jan Bondye egzèse dwa l sou nou tankou yon bon papa.

Pou komanse
Ala bèl sa bèl kann yon mouton ap obeyi bèje l ! An nou wè ki jan David wè sa:

I. **Bèje a genyen yon gran gòl ak yon baton**
1. Li sèvi ak gran gòl la pou wete nou nan falèz danje a kan n'ap fè enpridans.
2. Li sèvi ak baton an pou defann nou kont bèt sovaj. Li bay nou kèk kou tou kant nou fè dezòd. Jeremi.30 :11
   a. Konsa, Bondye mete nou an gad kont move zanmi, move liv, move milye ak move tandans. 1Korent.15 :33
   b. An nou pran egzanp lapòt Pòl :
   Li te konn ap frape lestomak li pou di jan li gwo nèg, li sitwayen women, li fini tout klas li. Li te gen bon pwofesè li Mèt Gamalyèl. Li te

pale 4 lang, li te gen visa pou tout peyi. Dapre li, se li ki mèt la tè. Travay. 22 :1-3 ; Fil.3 :4-6 Bondye voye anpil eprèv sou li pou l sa retire tout gwo pwal lògèy sa sou do l. Li bay li yon maladi kriz ak yon zanj Satan pou kalote l. 2Korent.11 : 23-32 ; 12 : 7

    c. Si Bondye pa pini w lè ou fè mal, ou ta dwe pè. Kouri mande l si w pa pitit li tou. Ebre.12 : 8

II. **Pouki sa la kwa la ?**
1. Jezi, Bon bèje nou an pa genyen yon gòl, li genyen yon kwa. Li mete li tankou yon kakan nan tèt nou pou nou mache ansanm avè l.
   a. Li chwazi move kretyen pou mete kwa sou do bon kretyen yo.
   Lapòt Pòl pale nou de Aleksann, yon bòs fòjon ki te fè l soufri anpil. 2Timote.4 : 14
   b. Jan pale nou de Dyotrèf ki te la pou bloke tout desizyon l nan reyinyon dafè nan Legliz la. 3Jan.9-11
2. Okontrè, bon kretyen an pote kwa l chak jou e li pa kap santil two alèz isiba. Lik.9 :23 ; 2Timote.3 :12

Pou fini

Jezi te fèt nan yon pak bourik ak chwal. Poutan, se mouton li gade. Si ou menm se mouton, ou mèt swiv li. Wa jwen rekonpans ou.
Lik. 2 : 7 ; 2Korent.12 : 1-10 ; Ebre.13 : 20

Kesyon

1. Ki sa Bèje a fè ak gran gòl la, ak baton an ?
   a. Li sèvi ak gran gòl la pou pwoteje mouton yo.
   b. Li sèvi ak baton an pou defann mouton yo pou l pini yo kant yo aji mal.

2. Bay nou kèk egzanp nan la vi èspirityèl.
   Bondye elwaye nou de move zanmi, de move liv, e move milye ak move lide nan tèt nou.

3. Ki sa gran gòl la te vle di nan vi apòt Pòl?
   Bondye te mete yon maladi kriz nan kò l

4. E ki sa baton an te vle di?
   Yon zanj Satan pou kalote l.

5. Ki jan de gòl Jezikri te genyen?
   Lakwa li bay nou pote a

6. Ki baton li itilize kont nou?
   Fo kretyen ki la pou mete kwa sou do nou.

7. Ki atitid bon kretyen an devan kwa sa?
   Li konnen davans ke li pap janm alèz isiba.

Leson 10
Li bay advèsè m yo defi

Vèsè pou prepare leson an : 2Samyèl. 22 : 1-41, Sòm.23 :1-6 ; 91 :1-12 ; 112 :1-10
Vèsè pou li nan klas la : Sòm.112 :1-10
Vèsè pou resite : Ou ban m' kont fòs pou m' goumen. Ou fè lènmi m' yo mande m' padon. 2Samyèl. 22 :40
Fason pou fè leson an : diskou, konparezon, kesyon
Bi leson an : Montre ke Bondye te deja etabli pou nou yon barikad ke Satan pa kapab kraze.

Pou komanse
Pa janm swate lanmò pou moun k' ap fè ou mal. Gade pito ki jan Jezi wè l.

I. **Toutdabò, ki sa ki advèsè nou?**
  1. Se moun kap bay nou baryè.
     a. Lèdmi yo dwe konnen ke Bondye kanpe bò kote m.
     b. Moun ki te refize m manje lè afè m pat bon, jodia yo dwe wè ak zye yo ke Jezi « ranje pou mwen yon sipèb kouvè devan tout ledmi ». Mwen pa bezwen anvye sò pèson.
     c. Yo pap kapab voye pousyè nan manje m paske se Jezi ki chita ak mwen sou tab la.
     d. Se Letènèl ki sosyal sekirite m, ki asirans vyeyès mwen, ki pansyon mwen.
     e. Tripotaj ak medizans pap kap aji sou mwen, sou fanmiy mwen, sou biznis mwen paske tout sa m ye ak sa m posede yo kache anba san lanyo a. Sòm.91 :1

2. Sa ke m pa gen dwa bliye
   a. Bondye anpeche m lite kont advèsè yo.
   b. Li vle yo sèlman konnen ke m ankò vivan.
   c. Li vle tou ke advèsè m yo vivan tou pou yo wè, pou yo konnen ke Bondye beni m ; pou yo regrèt, pou yo repanti, paske se yo ki lakòz Bondye beni twòp konsa.
   d. Mwen dwe di yo mèsi pou pèsekisyon yo paske yo fè djòb yo byen. Jezi fè pa l byen tou.
   e. Bondye mete nan asyèt mwen sa ki bon pou nanm mwen. Fil.4 :6
   f. Jezi garanti maryaj mwen, akouchman mwen, jòb mwen ak avni mwen. Pandan tan saa, godèt mwen ap debòde, advèsè m ap trennen, se mwen ki pou pase men pran yo. Se konsa vi m gen pou l pi long pou Bondye bay mwen dekwa pou m pase men pran yo. Sòm.91 : 8

Pou fini
Puiske se Bondye li menm ki bay nou advèsite yo, se li ki konnn sa lap fè ak advèsè yo. Nou menm, se rete trankil.

Kesyon

1. Ki moun advèsè a ye? Se moun ki leve kont nou

2. Ki pozisyon Jezi devan advèsè nou yo?
   Li bay yo defi.

3. Poukisa li fè espre mete kouvè pou nou devan tout lèdmi yo? Pou fè yo konnen
   a. Ke li pa pè yo
   b. Ke nou pa dwe pè yo.
   c. Ke Jezi pa wè m jan yo wè m nan

4. Ki sa Kris pa vle nou fè?
   Li pa vle nou lite kont advèsè yo

5. Pouki sa li vle advèsè nou viv?
   Pou yo wè viktwa nou e pou yo regrèt sa yo te fè nou

Leson 11
Godèt mwen ap debòde pandan wap kwafe m

Vèsè pou prepare leson an : Job.1 : 21 ; Sòm.23 :1-6
Vèsè pou li nan klas la :
Vèsè pou resite : Ou pare yon tab pou mwen devan je tout lènmi m' yo. Ou resevwa m', ou fè kè m' kontan ou ban m' tou sa m' bezwen. Sòm.23 :5
Fason pou fè leson an : diskou, konparezon, kesyon
Bi leson an : Montre yon relasyon de tandrès ant nou menm e Papa nou nan syèl la.

Pou komanse
Nou rive nan yon pati ki komik nan temwayaj la. Bèje mennen brebi a nan salon kwafi pou fè l bèl !

I. **Ki sa sa vle di : «Li grese tèt mwen ?»**
1. Depi li fè cho, maladi chabon touye anpil mouton. Pou pwoteje yo, bèje a oblije pase lwil sou tèt yo.
   a. Nou tout konnen ke avan ou mete lwil sou tèt yon moun, ou dwe lave cheve l, bay li yon masay. Ou koupe vye cheve yo ki sal, ou voye yo jete nan fatra.
   b. Pou mouton an pa kouri kite l si pwal yo twò rèd, bèje a mete devan l yon bagay pou l bwè.

II. **Bondye bèje nou an fè menm jan.**
1. Li depouye nou ak twòp zanmi, ak twòp byen materyèl ki anpeche nou pèsevere, ki yon pièj pou vi èspirityèl nou. Job.1 :21
2. Nan menm lè saa, li bay nou bagay ki pou ede nou grandi nan pawòl li.

3. Li pote nou a konfese peche nou yo, pou nanm nou pwòp.
4. Li sanktifye nou, li ranpli nou ak pisans Sentespri a. Li bay nou dekwa pou nou viv anba drapo l.

IV. Salmis la di ke Veso l ap debòde. Sòm.23 :5
1. Pandan bèje a ap okipe tèt la, li vide bon bweson nan vè brebi a. Li kontan, li souke ke l pou l di : Ayayay ! Veso m plen jouk lap debòde !
   a. Li gen pou l bwè, pou l niche, pou l mete labank.
   b. Li pa bezwen enkyete l pou demen.
   c. Li gen sante, jwa, lapè, lavni ak sekirite jouk lap debòde. Tout bagay sa yo ap pase devan grenn zye advèsè nou yo.

Pou fini

Ou mèt te jete pèmanant ou yo, ak très ou yo. Jezi gen pi bon pwodui pou mete nan tèt ou, nan la vi ou. Nan salon kwafi Jezi a w'ap jwen tout sa ki pou mete ou an jwa. Tanpri ti mouton, rete trankil anbas men Jezi.

Kesyon

1. Pouki bon bèje grese tèt mouton an ak lwil ?
   Pou pwoteje l kont maladi chabon.

2. Ki sa nou kwè bèje a fè avan sa ?
   a. Li koupe tout vye pwal sal sou tèt mouton an.
   b. Li benyen l e li bay li yon masaj.

3. Ki sa lwil sa reprezante pou nou ?
   Se pisans Sentespri a ki la pou gade nou nan yon vi ki pi e sen devan Bondye.

4. Ki jan de preparasyon ki dwe fèt pou sa ?
   a. Lavaj la se konfesyon ki pou fèt.
   b. Depouyman an se rejete tout vye bagay nan vi nou. Bondye konn retire byen materyèl ak kèk zanmi nan relasyon nou.

5. Pouki li fè veso nou debòde pandan l'ap fè twalèt nou?
   a. Pou nou pa gen tan regrete sa nou pèdi yo.
   b. Pou dedomaje nou pandan lap sanktifye vi nou.

Leson 12
Desizyon salmis la

Vèsè pou prepare leson an: Detewonòm .28 :1-14 ; Sòm.23 :6 ; 81 :14-17 ; 115 :14 ; 121 :1-8 ; Jak.1 :17
Vèsè pou li nan klas la : Sòm.23 :1-6
Vèsè pou resite : Wi, mwen konnen w'ap toujou renmen m', w'ap toujou bon pou mwen pandan tout lavi m'. Se lakay ou m'ap rete tout tan tout tan. Sòm.23 :6
Fason pou fè leson an : diskou, konparezon, esyon
Bi leson an : Montre ki jan salmis la fè yon konfyans ki san mezi a bèje li.

Pou komanse
Si nou ta pase yon mikro a salmis la pou l ta bay nou enpresyon l de bèje l, repons la tap byen klè : « M'ap fè rezidans mwen kap papa Bondye jouk mwen mouri ». E ou menm, eske ou kap fè yon komantè sou sa?

I. **Wi. Se yon repons a fidelite Bondye.**
1. Li te di : li pra l beni pèp li nan vil tankou nan jaden l. Li kenbe pwomès li. De. 28 : 3
2. Li te di : lap beni l kant lap soti e kant lap retounen. Li kenbe pwomès li.
Detewonòm.28 :6 ; Sòm.121 : 8
3. Li te di : l'ap bay li viktwa sou lèdmi l yo. Li kenbe pwomès li. De. 28 :7 ; Sòm.81 :14-17
4. Letènèl **bay lòd pou benediksyon rete avè l** nan kòb kash li genyen ak nan ti depo li labank. Li kenbe pwomès li. De.28 : 11-13

II. Se yon temwayaj de gras ak bonte Bondye an pèmanans.
1. Li bay li tout kalite favè. Sòm.115 :14
   Gras Bondye swiv li tout kote l pase. Sòm.23:6
2. Tout pèp sou latè, ata advèsè yo rann temwayaj pou di jan Bondye beni l. De.28 : 10
3. Izrayèl pa gen okenn dèt nasyonal. De.28: 12
4. David mouri li kite pwòp pitit li pou wa nan plas li nan mitan anpil richès. 1Wa.2 :10-12

Pou fini
Bondye pwomèt pou l beni nou si nou fidèl. Eske w'ap dakò frè m?

Kesyon
1. Ki jan ou konprann desizyon salmis la?
   a. Li kwè nan garanti ke Bondye te bay tankou yon Bon bèje. Li pap manke l pawòl.
   b. Se te yon fason pou l fè Bondye konpliman pou fidelite l.

2. Bay kèk egzanp:
   a. Li beni l nan la vil ak nan jaden
   b. Li bay li viktwa sou lèdmi l yo.
   c. Li beni l nan kòb kash ak nan kòb li gen sere la bank.

3. Koman nou kap bay prèv ke Bondye beni David?
   a. Bondye mete l wa
   b. Bondye pwoteje l tou tan
   c. Li mouri vye gran moun nan kabann li.
   d. Li gen yon pitit pa l, ke l renmen pou ranplase l sou twon nan.

Lis vèsè yo

1. Se mwen menm ki bon gadò mouton yo. Bon gadò a ap bay lavi l' pou mouton l' yo. Jan. 10:11

2. Pa bay kò nou traka pou anyen. Men, nan tout sikonstans mande Bondye tou sa nou bezwen nan lapriyè. Toujou chonje di l' mèsi tou lè n'ap lapriyè. Fil.4 :6

3. Mwen konnen mouton m yo. Yo menm yo konnen m tou. Jan.10:14

4. Lè li fin fè yo tout soti, li mache devan yo; tout mouton yo swiv li paske yo konnen vwa li. Jan.10 : 4

5. Moun ki chache pwoteksyon bò kote Bondye ki anwo nan syèl la, moun ki rete kache anba zèl Bondye ki gen tout pouvwa a. Sòm.91 :1

6. Bondye pèp Izrayèl la ki yon Bondye apa, Seyè k'ap delivre yo a, men sa li di: -Se mwen menm ki Seyè a, Bondye nou an. Se mwen menm k'ap moutre nou sa ki pou byen nou. Se mwen menm k'ap mennen nou nan chemen pou nou swiv la.. Esa. 48 :17

7. Li pran men moun ki soumèt devan l' yo, li fè yo mache nan bon chemen an, li moutre yo jan li vle pou yo viv la. Sòm. 25 :9

8. Lè n'ap pase sou lanmè, m'ap kanpe la avèk nou. Lè n'ap janbe gwo dlo, dlo a p'ap bwote nou ale. Lè n'ap mache nan mitan dife, dife p'ap boule nou. Flanm dife a p'ap fè nou anyen. Ezayi.43 : 2

9. M'ap disparèt tout nasyon kote mwen te gaye nou yo. Nou menm, mwen p'ap detwi nou. Men, pou pini se pou m' pini nou, jan sa dwe fèt. Mwen p'ap kite anyen pou nou.Jer.30 : 11b

10. Ou ban m' kont fòs pou m' goumen. Ou fè lènmi m' yo mande m' padon. 2Samyèl. 22 :40

11. Ou pare yon tab pou mwen devan je tout lènmi m' yo. Ou resevwa m', ou fè kè m' kontan ou ban m' tou sa m' bezwen. Sòm.23 :5

12. Wi, mwen konnen w'ap toujou renmen m', w'ap toujou bon pou mwen pandan tout lavi m'. Se lakay ou m'ap rete tout tan tout tan. Sòm.23 :6

Evalyasyon Pèsonèl

1. Ki pwen nan 12 leson yo ki te pi touche w ?
   _____

2. Ki sa ou jwen nan li
   a. Pou tèt pa w ?
   _____
   b. Pou fanmiy w ?
   _____
   c. Pou Legliz w ?
   _____
   d. Pou peyi w ?
   _____

3. Ki desizyon ou vle pran imedyatman apre klas la ?
   _____

4. Men sijesyon, mwen (Untel), mwen genyen pou Lekòl dimanch nan Legliz mwen:
   a._____
   b._____
   c._____

5. Kesyon pou w reponn a tèt ou sèlman
   a. Ki sa mwen vo pou Legliz la depi mwen La ?
   b. Ki sa mwen vle fè pou li vin pi miyò ?
   c. Si Jezi vini kounyeya, eske m pap wont akòz jan de fwi yo mwen kap prezante l ?

Dife 14- Séri 4

Setyèm mari
Fanm Samaritenn nan

Avangou

Si nou te kapab imajinen sa ki te pase depi 21 syèk la, bò pi Sika a, ki sa nou kwè nou ta va wè ? San fè blag, nou ta wè Jezi ki t'ap pale ak yon fanm nan vil Samari. Men kant nou ta byen vle gade, nou t'ap konprann ke se yon demach Sovè a t'ap fè pou kraze zafè prejije relijyon jwif yo pou ke le monn antye te k'ap jwen Pawòl Levanjil la. Li te vle vini ak yon lòt metòd pou bati Legliz li, e li te vle komanse l ak pechè a ke tout moun kwè ki pi mal la.

Fanm sa ki te deja gen sis mari, ki te vle pran Jezi nan yon pyèj pou setyèm mari l, se potre yon pechè fatige e chaje k'ap chèche delivrans jouk li jwen ak Sovè a.

Si nou vle byen gade, kant li jwen tout bon ak Sovè l, li depoze krich la a tè, li kouri al di tout moun ke li reyisi jwen sa l te bezwen a. Li ofri tout moun Jezi, setyèm mari sa san fè jalouzi.

Pandan m'ap pale ak ou la, setyèm mari sa kanpe devan pòt kè w. Li vini pou l ofri w sa ke krich resònman frivòl ou yo pa kapab kenbe. Eske ou va fè w piti tankou fanm Samaritenn nan pou w resevwa l nan la vi w? Se sa nou ta swate pou w.

Pastè Renaut Pierre-Louis

Leson 1
Premye mari fanm saa rele : Pale Manti

Tèks pou preparasyon an : Jenèz. 34: 1-31; 1wa. 16 :23-24 ; 2Wa.17 :1-3, 24-41 ; Jan. 4 : 15-29 ; 8 :44 ; 14 :6 ; Efezyen 4 :17-25 ; 1Jan.3 :8 ; Revelasyon.20 :10 ; 22 : 12-15

Tèks pou li nan klas la : Jan.4 : 15-29

Vèsè pou resite: Vini wè yon nom ki dim tou sam fè! Eske nou pa kwè se Kris la? Jan.4 :29

Fason pou fè leson an : diskou, konparezon, kesyon

But: Mete kretyen yo an gad kont pale manti

Pou komanse
Men yon bèl fanm ki pa manke filè! Premye gason ki bon ladann rele **Pale Manti**, se premye piti SatanLe Dyab. Jan.8 :44

I. **Ki jan maryaj sa te fèt?**
   1. Bondye fè Asiryen yo bat Izrayèl pou l te pini dezobeyisans yo. Se konsa Salmanaza, wa asiryen an voye yon bann kolon nan vil Samari pou domestike yo. 2Wa17 : 1-3, 24
   2. Lè saa, se sèl nan fè jenès fanm Izrayèl yo te kap viv. Sila nou pi konnen an te rele Fanm Samaritenn nan.

II. **Pouki sa li te marye ak mouche Pale Manti?**
   1. Ak Pale Manti li kap genyen tou sa l bezwen.
   2. Li kwè li kap blofe ni Bondye ni le Dyab jan l vle.
   3. Li kap fè sal pito ak gason yo.

4. Li premye nan jenès, nan bòkò, nan vole mari moun. Li pap manke sèvis legliz, men nan pwen moun ki kap wè bout li ak Pale Manti.

II. **Ki jan li pra l kenbe maryaj la ak Pale Manti?**
 1. Pou tout vi l, li pa dwe janm di verite. Lè li fè kòlè, lè l kriye, ou fè sèman, se pou li bay ou manti pi rèd.
 2. Sizoka li gen pwoblèm, li pra l wè bopè l, Satan leDyab. Li konn Pale Manti trè byen. Jan.8 :44

II. **Kote sa pral rive ?**
 1. Jezi vini pou l detwi tout zèv Dyab la. 1Jan.3 :8
 2. Li pral jete l nan lanfè ak tout mantè yo. Revelasyon. 20 :10; 22:15

V. **Ki sa pou nou sonje?**
 1. Ou kap twonpe yon moun kèk fwa men se pa toutan.
 2. Ou twonpe pwòp tèt ou lè wap twonpe moun. Ou pèdi tout valè w. Jezi ki la verite a, se li sèl ki kap sove w, paske li menm ak Satan ki papa Pale Manti a, yo pa mele. Jan.14 :6
 3. Pito w pèdi ak Jezi ki verite ou pa genyen ak Satan ki nan manti.

Pou fini
Kite Pale Manti. Di la verite a pwochen w. Konsa, Jezi a rete nan mitan nou e la choute Dyab la nan lanfè. Efezyen.4 :25

Kesyon

1. Koman nou rele premye mari Fanm Samaritenn nan ? Pale Manti

2. Pouki rezon li te marye avè l ?
   a. Paske li konnen ak manti li kap genyen tout sa li bezwen.
   b. Li kap mare gason yo jan li vle.
   c. Li kwè li kap twonpe ni Bondye ni Satan

3. Ki moun ki papa Manti? Satan le Dyab

4. Ki sa li ye pou Fanm Samaritenn nan? Bòpè l

5. Ki sa ki pral rive yo nan dènye jou a ?
   Ni Satan, ni Mantè yo pral boule nan dife lanfè.

6. Ki konsey pou nou bay moun ki marye ak Manti ?
   a. Ou pap kapab twonpe yon moun toutan
   b. Wap pèdi estim moun lè yo kenbe w
   c. Pito w pèdi ak Jezi ki Verite ou pa genyen ak Satan ki nan manti.

Leson 2
Dezyèm mari l rele : Vanité

Vèsè pou prepare leson an : Eklezyas. 1 :1-18 ; 2 :1-26 ; 3 : 1-22 ; 4 :1-16
Vèsè pou li nan klas la : Eklezias.1 : 1-11
Vèsè pou resite: Sa ki te rive anvan, se sa ki va rive apre. Sa yo te fè anvan an, se sa y'ap toujou fè. Pa gen anyen ki chanje sou latè beni. Eklezyas.1 : 9
Fason pou fè leson an: diskou, konparezon, kesyon
Bi leson an : montre danje ki gen nan vi vanite.

Pou komanse
Ala yon nonm rizèz se Satan! Eske nou konnen ke li pran nou nan pyèj ak avantaj plezi lachè? Jodia, n'ap mande w pou w louvri zye w byen gran.

I. **Vanite, se yon taktik Dyab la depi tan lontan**
 1. Satan pran tèt Ev ak bèl pawòl osijè de yon fwi Bondye te defann li touche nan mitan Jaden Eden nan. Jenez 3 :1
 2. Li fè zizi fanm nan bat kant li di l konsa:
    a. Ou pap mouri. Jenez 3 : 1-4
    b. Ou pap bezwen Bondye pou vin di w anyen. Wap tankou yon dye tou pou w sa konnen ni byen ni mal. Jenèz 3 : 6
    c. Konsa ou kap parèt devan tout moun.
 3. Depi Ev manje fwi saa, li soti anba pwoteksyon Bondye san l pa konnen. Se konsa Satan pran li an otaj. Jenèz .3 :6

II. **Ki jan vanite a manifeste ?**
1. Se yon anvi fè wè jan nou bèl, jan nou gen fòs, jan nou konn pale, pou fè pale de nou. Pwovèb 31 :30
2. Nou depanse sa nou pa konnen pou nou mete bote sa yo parèt pou tout moun kap wè l. Moun nan ka chanje koulè po l, li kap chanje mach li pou moun kap wè jan li pedan, lap chanje vwa li pou atire atansyon sou li. Nan koze sa, li kap vin ridikil.
3. Moun nan tèlman bay tèt li valè, ke li adore pwòp tèt pa l. Li kap pase menm 20 minit devan yon glas pou li admire tèt li.
4. Li kwè li pi bèl, li gen plis fòs, li pi konn pale pase tout moun. Ak pretensyon sa yo sou li, li kwè li gen lemonn antye anba pye l.

III. **Ki konsekans Vanite gen ladan?**
1. Li fè w gaspiye tan w, lajan w ak sante w pou gremesi. Pwovèb 29:5
2. Li fè genyen anpil flatè ak zanmi ipokrit
3. Alafen, lè yo fin souse w, yo kritike w e yo bliye w.

Pou fini

Pa kite Satan pran w nan feblès ou pou l fè eksperyans li. Jezi ap tann ou jodia. Se pa bò pi Sikaa, men li bay ou randevou nan pye mòn Kalvè a. Se la li va satisfè swaf padon w, la pè ak Sali pou nanm ou Vini kounyeya. L'ap tann ou.

Kesyon

1. Koman nou rele dezyèm mari Fanm Samaritenn nan ? Vanite
2. Ki moun ki te fè demach pou bay li mari saa ? Satan
3. Ki sa Satan te fè pou l sedwi Ev ?
   a. Li te fè l kwè ke si l manje fwi saa, li pap janm mouri.
   b. L'ap tankou yon dye. Li va konnen sa ki byen ak sa ki mal.
4. Koman Vanite a manifeste?
   a. Nou bay plis valè a bagay materyèl, an menm tan nou neglije nanm nou. Nou adore pwòp tèt nou.
   b. Nou kwè nou pi bèl, pi fò, pi konnen pase tout moun. Nou kwe konsa nou kap mete lemonn antye anba pye nou.
6. Ki konsekans Vanite a gen ladan?
   a. Nou pèdi tan nou, lajan nou ak sante nou pou gremesi.
   b. Nou kite moun flate nou, abize nou, apre sa yo meprize nou.
7. Ki konsèy moun saj la bay ou ?
   Pou w al jwen Jezi nan pye mòn Kalvè a. Se la wa jwen la pè, la jwa, padon ak Sali ou.

Leson 3
Ki repwòch ou kap fè yon moun pou talan l?

Vèsè pou prepare leson an : Jig. 16: 6-20; 1Sam. 17 : 25, 50 ; Sòm.100 :3; 138 : 6; 139 :14; Eklezyas. 11 :10 ; Cant.1 :5-13; Ezayi.3 :16-24; 4 :1; Danyèl. 4: 30-33 ; Travay. 12 :21-23 ; Women. 8 :8 ; Ja.4 : 6
Vèsè pou li nan klas la : Sòm.139 :13-17
Vèsè pou resite : M'ap fè lwanj ou, paske ou pa manke fè bèl bagay. Tou sa ou fè se bèl bagay. Mwen konn sa byen. Sòm.139 :14
Fason pou fè leson an: diskou, konparezon, kesyon
Bi leson an : Montre koman Bondye deteste Vanite.

Pou komanse
Kesyon Vanite sa si enpòtan ke nou vle fè yon ti rale sou li ankò. Tou dabò :

I. **Eske w kap repwoche yon moun pou talan l?**
  1. **Nou di non** si yon moun sèvi avè l pou bay Bondye glwa. Dayè, se Bondye menm ki bay nou talan yo konsa. Sòm.100 : 3
     a. David bay Bondye glwa pou entelijans li, pou talan l, pou bote l ak pou sante l. Sòm.139 :14 Bondye pran l, yon ti gadò mouton, pou l fè l vini bofis wa Sayil nan yon ti kadè. 1Sam.17:25, 50
     b. Pou Sinamit la menm, li pale de bote l, se pa tankou fanm tout moun yo, men pou li kap atache l plis a fiyanse l tankou yon bijou. Cant.1 :5, 6,13
  2. **Nou di wi,** si nou kite Satan pran nou pou l sèvi ak talan nou yo.

a. Gen fiy ki tèlman bay bote yo valè ke yo vin viktim. Ezayi. 3 :16-24 Konsekans yo vin si grav ke yo gen lajan men yo pa kap trouve yon moun serye pou yo marye. Ezayi. 4 : 1
b. Si nou pran Samson, li te kwè nan fòs ponyèt li. Sa te lakòz li pèdi relasyon l ak Bondye, ansanm ak pouvwa l. Jig.16 : 6, 20
c. Si nou pran Ewòd. Moun pran flate l paske li konn pale byen. Bondye rache l mete l atè. Se wè tout moun wè vè ap kale sou li. Travay. 12 :21-23
d. Pou Nebikadneza menm, ogèy monte l si tèlman ke li bay tèt li glwa pou vi l Babilòn li te bati. Bondye frape l ak yon kriz nan sèvo l. Depi lè sa, se zèb li santi l ka manje nan pak bèf yo pandan 7 lane. Da. 4 : 30-33

IV. **Ki sa Bib la di ?**
1. Lajenès ni bèl leve solèy se Vanite. Ekl.11 :10
2. Fè wè pa dire. Se logèy sa ye.
3. Konnen byen ke Bondye kenbe tèt ak moun ki ogèye. Se adistans li kap wè yo. Sòm.138 : 6 ; Ja.4 :6

Pou fini

Vanite se yon mari pou nou mete akote. Bat pou nou pa tonbe nan pyèj li. Kenbe kò nou ak bèl twalèt, men pa pran l pou Bondye w paske moun ki fè sa pa kapab fè Bondye plezi. Women.8 :8

Kesyon

1. Pouki sa nou dwe bay Bondye glwa pou talan nou yo?
   Paske se li menm ki fè nou jan nou ye a.

2. Pouki sa David bay Bondye lwanj?
   a. Paske Bondye leve l an diyite
   b. Paske li satisfè pou sa Bondye mete nan li pou l fonksyonen.

3. Nan ka saa, ki sa Bondye kap blamen kay nou?
   Kan nou renmen tèt nou pase Bondye ki fè nou.

4. Bay nou omwen 3 moun ki viktim de vanite yo
   Samson, Ewòd, Nebikadneza

5. Ki sa Bib la di de vanite?
   a. Lajenès ak bel leve solèy se
   b. Fè wè pa dire
   c. Bondye kenbe tèt ak moun ki ogèye.

Leson 4
Twazyèm mari fanm nan rele : Plezi lachè

Vèsè pou prepare leson an: Nonb. 31: 25-27; 2Samyèl.5:21; Sòm.138 : 6; Ezayi. 38:1-3; 39: 1-8; Danyèl.11:8; Lik.21 :34 ; Women.8: 8; Galat.5 :16-26 ; 1Timote.2 :9-10 ; 1Pyè.3 :3-4

Vèsè pou li nan klas la : Ga.5 : 16-21

Vèsè pou resite: Se poutèt sa, men sa m'ap di nou: Kite Lespri Bondye dirije lavi nou. Pa obeyi egzijans kò a. Galat.5 :16

Fason pou fè leson an: diskou, konparezon, kesyon

Bi leson an: Ankouraje soumisyon kretyen a Sentespri

Pou komanse

Men yon lòt pyèj ankò Satan itilize pou l anjandre nou. Yo rele l «plezi lachè». Se nan vanite a li soti. Ki jan li manifèste?

I. **Dabò nan mete rad ki chè.**
   1. Moun nan ap chèche dènye mòd ak dènye modèl ki parèt pou bay tèt li valè devan tout moun. 1Timote. 2 :9-10 ; 1Pyè.3 :3-4
   2. Moun nan pèdi kontwòl nan zafè manje ak bwè. Lik. 21 :34

II. **Answit nan achte bagay ki chè**
   1. Moun nan ap chèche tout sa ki chè pou fè pale de li.
   2. Pa gen mal nan posede anyen ki chè, paske «santi bon koute chè» pouvike ou genyen l pou w sèvi Bondye e non pou satifè ogèy ou. Bondye kap blanmen w tankou li te blanmen wa Ezekias: Ezayi.39 :1-8 Ki sa l te fè ?

a. Li fè enpridans kan li montre tout richès li genyen a vizitè etranje yo. Bondye voye pwofèt Ezayi pou di l ke li pra l pèdi tout byen sa yo e pitit li yo pra l konnen imiliasyon nan peyi etranje. Ezayi. 39 :4-7
b. Sonje byen ke nan tan saa, tou de lame ki vin pou goumen an, yo mache ak tout dye yo, ak tout richès yo. Sete yon fason pou kraponen w pandan yap defann byen yo. Si w pèdi, lòt kan an charye tout byen yo ak tout dye yo.
Nonb.31: 25-27; 2Samyel.5:21; Da.11:8
c. Bondye nou an touye tout lame Sankerib la ki te gen 185 mil solda. Kan Ezekias pran byen moun sa yo, li te vin milyadè yon sèl kou. Olye li ale nan tanp la pou bay Bondye lwanj, li rete ak konte kòb li fè. Kareman, Bondye di misye pou l «fè testaman l, li pral touye l» Ezayi.38: 1-3

Pou fini

Bondye pa vle wè moun fè granpanpan. Li pito rete lwen yo. Moun konsa pa kapab fè l plezi.
Se yon dezi lachè ki pa mache ak Lesprisen. Se yon mari pou nou kite. Pran gad nou. Pa fiye l.
Sòm. 138:6; Women. 8 :8; Galat.5: 17

Kesyon

1. Ki jan apòt Pòl rele plezi lachè?
   Bagay pou satisfè chè a.

2. Ki jan li parèt ?
   a. Nan amou pou dènye mòd ak dènye modèl
   b. Nan depans san konte pou bagay ki chè
   c. Nan amou san kontwòl pou manje ak bweson

3. Ki mal gen nan sa?
   a. Depans sa yo pa di ki moun ou ye tout bon vre.
   b. Li fè w vin ogèye.

4. Bay nou yon egzanp
   Wa Ezekyas montre tout richès li a etranje yo.

5. Ki sa Letènèl di nan sa?
   Li avèti l ke li pral pèdi tout byen sa yo e ti moun li yo pral konnen imilyasyon nan peyi etranje.

6. Pouki sa Bondye menase l lanmò?
   Paske apre viktwa li sou Sankerib, li pat ale tout swit nan tanp la pou bay Bondye glwa.

Leson 5
Katryèm mari fanm nan rele : Lajan

Vèsè pou prepare leson an : Jenèz. 32 ; 10-15 ; 45 : 20 ; Pwovèb 30 :8 ; Matye. 6 :24 ; 1Timote.6 :1-10
Vèsè pou li nan klas la : 1Timote.6 : 6-11
Vèsè pou resite: Paske, renmen lajan fè moun fè tout kalite bagay ki mal. Gen moun ki sitèlman anvi gen lajan, yo pèdi chemen lafwa a nèt: se pa de ti soufrans ki tonbe sou yo. 1Timote.6 : 10
Fason pou fè leson an: diskou, konparezon, kesyon
Bi leson an : Pale de lajan tankou yon bon sèvitè, men yon move mèt.

Pou komanse
Lajan gen tout kalite non. Ayè, dye lajan an te rele Mamon, dye syèk saa. Jodia yo rele l Bafomèt, dye ki bay lajan ak glwa tou.

I. **Ki atitid moun devan lajan?**
1. Gen moun ki fè eksè pou yo gen lajan. Yo kap menm neglije paran yo ni zanmi yo e menm sante yo pou yo fè lajan.
2. Gen moun tou ki vann nanm yo a Dyab la pou sa. Yo siyen kontra ak Dyab la pou yo rich, pou yo gen pouvwa, konesans, pou yo premye nan èspò, nan politik, nan dans yo ak nan biznis yo. Apre sa tout moun wè yo disparèt tankou yon kout zeklè.
3. Gen moun ki fè magouy pou yo gen lajan.
   a. Yo bay manti.
   b. Yo jwe lotri.
   c. Yo vann machandiz ki pa bon pou sante popilasyon an.

4. Yo kap touye moun pou fè lajan. Konsa plis yo renmen lajan, plis yo meprize moun.

II. **Ki sa bib la di ?**
1. Ou pa kapab sèvi de mèt ansanb.
2. Se nan anbisyon pou lajan tout malè rive nou. Li lakòz ou pa fè Bondye konfyans. 1Ti.6 : 10
   a. Li lakòz ou toumante vi w. V.10
   b. Li fè w vin arogan, mechan e san pitye pou malere. V.10
   c. Richès tout bon an se lè ou posede yon bagay ak siyati Bondye sou li. Nou pran egzanp Jakòb ki te vole byen bopè l Laban pou l te vin rich. Gen yon tan ki rive, misye vin pòv. Se pitit li Jozèf ki ranpli aplikasyon pou bay li rezidans nan peyi Lejip. Men li di l konsa ke li pa bezwen mache ak ti bagay yo ki te rete l la, paske li li rezève pi bon bagay pou li Anejip. Jenèz. 32 : 10-15 ; 45 : 10, 20

Pou fini
Jezi te repwoche Legliz Lawodise akòz byen materyèl ki te anpeche l pèsevere. Mande Bondye sajès ase pou nou kap di : Bondye mwen pa mande w ni richès ni povrete : Pwovèb 30 :8

Kesyon

1. Bay non ansyen ak non nouvo pou dye lajan an.
   Ansyen an se Mamon, nouvo a se Bafomèt

2. Ki jan Bondye vle nou konsidere lajan?
   a. Li pa vle nou renmen l an menm tan pou nou renmen Dye lajan an
   b. Li envite nou sèvi ak richès li bay nou.

3. Ki konsekans sa genyen kant nou renmen lajan ?
   a. Nou kap bliye Bondye.
   b. Nou kap pèdi lafwa.
   c. Nou chèche traka mete nan kò nou.

4. Ki sa Bondye kondanen?
   Li kondanen eksè pou gen lajan, kontra ak Dyab la, magouy ak krim pou fè lajan.

5. Ki sa ki richès tout bon pou Bondye?
   Tout sa nou kap posede selon volonte l.

Leson 6
Senkyèm mari fanm nan rele: Ipokrizi

Vèsè pou prepare leson an : Sòm.1 :1-6 ; Matye. 23 : 1-36
Vèsè pou li nan klas la : Matye. 23 : 27-31
Vèsè pou resite: Se pou nou koute yo, se pou nou fè tou sa yo di nou fè. Men, pa fè tankou yo. Paske yo menm, yo pa fè sa yo di nou fè. Matye. 23 : 3
Fason pou fè leson an: diskou, konparezon, kesyon
Bi leson an : Ede moun yo rekonèt defo saa pou yo korije l.

Pou komanse
Gen moun ki gen de fas. Se apre ou va vin dekouvri sa. Se sa nou rele ipokrizi.

I. **Ki jan li manifeste ?**
  1. Se zafè yon moun ki gen de fas ak de kè.
  2. Menm si li ri avè w, kè li byen fèmen kont ou.
  3. Menm lè li ap fè w konpliman devan tout moun, lap siyen lèt revokasyon w.
  4. Se li ki pou pete premye kout rèl la, lè yap leve sèkèy ou, kant se li menm ki lotè ou mouri.
  5. Se li ki pi bon kretyen nan legliz pandan li ap viv nan peche an prive ak vèv la. Mat. 23 : 14
  6. Kontra li siyen avè w la pa korèk. Li pra l mete w nan pwoblèm. Li yon kretyen anaparans. Matye. 23 : 26-28
  7. Li pretann gen nanm nan pou Kris, men ofon, se pou yon gwoup l'ap travay. Matye. 23 : 15
  8. Li bay ladim nan tout ti zafè li mennen, men li pa gen jistis, mizerikòd ak fidelite. Matye. 23: 23

II. **Ki sa ki dèyè tèt moun ipokrit la ?**
1. Rive jwen sa li bezwen nan nenpòt fason. Souri li bay ou ak dan li pi mechan pase yon kouto file de bò. Mat.23 : 34
2. Moun ipokri lach. Li pral trayi w e lap livre w san grate tèt. Mat.23 : 13 Gade Pilat ki di ak bouch li, devan tout moun : «Jezi inosan», konsa mwen pral lage l. Men fòk mwen fè bat li byen bat. Mat.27 :24-26
3. Ipokrit la ap anbrase w pandan li pral touye w. Sa fè l mal paske li gen pitye pou w. Se sa ase li di w pandan li ap foure kouto a nan gòj ou.

III. **Ki sa kap rive moun ipokrit yo ?**
1. Yo gen pou pote chatiman tout moun ki viktim yo depi Abel jouk jounen jodia. Mat.23 :34-35
2. Yo gen pou pataje menm chanm ak Kayen nan lanfè. Mat .23 :35

Pou fini
Evite chatiman moun ipokrit yo. Yo pap kap kenbe tèt nan jou jijman an. Tanpri, kite mari dejwe sa, vin anbrase Jezi. Sòm.1 :6

Kesyon

1. Ki sa ipokrit vle di?
   Yon moun ki gen de kè ak de fas.

2. Ki jan moun nan montre ke li ipokrit?
   a. Li souri bay ou ak kè li fèmen.
   b. Sa li siyen ak ou sou papye pap ale pi lwen.
   c. Li genyen nanm yo pou tèt li, janmen pou Senyè a.
   d. Li bay dim sou ti biznis li men li pa gen jistis, mizerikòd ak fidelite.

3. Ki sa ki nan tèt moun ipokrit la ?
   Li vle reyisi pa nenpòt ki fason.

4. Ki jan ou kap defini karaktè l?
   a. Li lach. Li kap trayi w byen fasil.
   b. Li ap touye w pandan lap anbrase w
   c. Li di li gen pitye pou w pandan lap koupe gòj ou.
   d. Se li ki pou pete premye kout rèl la nan lanmò w.

5. Ki sak pral rive ipokrit yo?
   a. Yo gen pou pote chatiman tout viktim yo depi nan tan Abèl jouk sa nan tan jodia.
   b. Yo gen pou yo rete nan menm chanm ak Kayen nan lanfè.

Leson 7
Sizyèm mari fanm nan rele : Relijyon

Vèsè pou prepare leson an: Ezayi. 53 :5 ; Matye .8 :17 ; 11 :28 ; Jan.4 :22 ; 8 :12 ; Women.5 :8 ; Efezyen.2 :3 ; Ebre.12 :14

Vèsè pou li nan klas la : Jan.4 :15-26

Vèsè pou resite: Nou menm, moun Samari, nou pa konnen sa n'ap sèvi a. Nou menm jwif, nou konnen sa n'ap sèvi a, paske moun k'ap vin pou sove a, se nan mitan jwif yo l'ap soti. Jan.4 :22

Fason pou fè leson an: diskou, konparezon, kesyon

Bi leson an : montrer ke relijyon pa kapab mennen nou nan syèl.

Pou komanse
Pou jan fanm sa konn bib li, nou ta kwè li deja chita nan syèl. An nou wè ki jan Jezi pran koze sa yo.

I. **Li te yon moun legliz.** Men ki te relijyon l ? Li te mele : mwatye Bondye, mwatye sòlòkòtò.
  1. Samariten se pitit kolon Asyryen yo ak Jwif. Konsa Izrayèl tap adore ni Bondye ni zidòl an menm tan. 2Wa.17 :3, 24
  2. Men Fanm nan pat gen fòs pou sèvi Bondye akòz de milye a, ak movèz vi lap mennen an.

II. **Pouki sa li te vle vire koze a ak JeziKri?**
  1. Li pat konnen si li te devan Bondye an pèson. Jan.8 :12
  2. Li pat vle Jezi konnen movèz vi lap mennen : «Zansèt nou yo te konn adore sou mòn nan wap gade la…Jezi dakò ak sa. Men e ou menm fanm ki nan dezòd la, ki kote ou menm ou adore?

III. **Eske Jezi kap asepte moun ki pran pòz sen nan Tanp la?**
1. Men wi. Jezi rele tout moun ki fatige e chaje. Ipokri yo ladan tou. Matye.11 :28
2. Li te vin mouri pou tout moun, pou ni piti ni gwo peche. Ezayi.53 : 5 ; Women. 5 :8
3. Nou menm nou te nan bann yo tou. Nou t'ap adore sa nou pat konnen. Jan.4 : 22 ; Ef.2 :3
    a. Nou te konn limen bouji ak chandèl pou nou lapriyè nan pye èstati. Gen nan nou menm ki te konn abiye ak rad ve ki gen plizyè paman.
    b. Gen ki te konn fè chante mès, kondi nevèn pou mò yo, pou retire yo nan pigatwa bay yo viza pou ale nan syèl.
    c. Gen nan nou ki te konn mete pen ak kafe ke nou vide sou fòs mò yo pou yo pa vinn toumante nou.
    a. Se ak bagay sa yo nou te konn fè Bondye fache tou. Efezyen.2 : 3
4. Jezi asepte yo tout nan legliz yo. Legliz tounen lopital Sentespri a pou bay nou swenyaj èspirityèl. Se konsa nou gen chans tou pou nou wè Senyè a. Ebre.12 :14

Pou fini

Relijyon pa sove pèsonn. Pito w vin jwen Jezi. Konsa li va pirifye nanm ou de tout inikite e delivre w anba tout maladi. Matye. 8 :17

Kesyon

1. Ki kalite relijyon fanm samaritenn nan te genyen?
   Yon relijyon mwatye Bondye, mwatye sòlòkòtò.

2. Eksplike :
   Papa l te asiryen, manman l te jwif. Se konsa li te adore ni dye papa l ni dye manman l.

3. Pouki sa li te vire koze a kant li tap pale ak Jezi?
   a. Li pat konnen ke Jezi te konnen tout bagay
   b. Li te vle fè Jezi kwè jan li ye li yon bon relijye.
   c. Li pat vle Jezi konnen ki moun li te ye.
   d. Li pat vle pou konsyans li te jije l.

3. Pouki sa Jezi asepte moun ipokrit nan tanp li?
   a. Paske Sali a se pou tout moun
   b. Paske li pa fè diferans ant ti peche ak gwo peche.
   c. Paske li gen pouvwa pou chanje yo.

4. Ki kote Jezi t'al chèche nou ?
   a. Pami tout bann moun sa yo.
   b. Kris sove nou tout pa gras pa mwayen fwa nou

Leson 8
Setyèm mari fanm nan rele: Jezi-Kri

Vèsè pou prepare leson an : Jan.4 :1- 29 ; Efezyen. 5 :23
Vèsè pou li nan klas la : Jan.4 :23-30
Vèsè pou resite: Vini wè yon nonm ki di m' tou sa m' fè. Eske nou pa kwè se Kris la? Jan.4 :29
Fason pou fè leson an: diskou, konparezon, kesyon
Bi leson an : Montre ke tout pechè bezwen renonse a tout mari sa yo pou pran Jezi, pi bon mari a.

Pou komanse
Ki lès ki pran lòt ojis? Eske se Jezi, eske se fanm samaritenn nan?

I. **An nou di toulede**
1. Jezikri genyen fanm. Fanm nan tou li genyen Jezi-Kri, e li temwaye sa devan tout moun. Jan.4 : 29
2. Jezi genyen yon pechè ki te pèdi. Fanm nan jwen ak sovè li. Se konsa maryaj fèt ant Jezi ak Legliz ki vin kò Kris la. Efezyen.5 : 23
   a. Li bay li sa ke lòt mari pat janm kapab bay li : Li sove nanm li. Jan.4 : 25-26
   b. Li bay li yon dlo li pat janm bwè. Yon dlo ki satisfè swaf li te gen pou jistis, lapè, lanmou ak Sali a. Jan.4 : 14
   c. Li genyen l san fòse e li fè fanm nan renmen l pou l obeyi l. Jan.4 : 6-7
   d. Li bay fiy la bon non l. « Mwen se Mesi a kap pale avè w ». Jan.4 :26

II. **An nou wè lè Jezi nan kè fanm nan ki sa l fè.**
1. Jezi restore la vi l. Li fè l twouve plas li nan sosyete a. Li pa pè moun pou l kache figi l ankò. Jan.4 :29
2. Li pati al bay temwayaj devan tout ansyen kliyan l yo.
3. Li renonse a tout lòt mari yo paske li jwen sekirite nan Jezi, setyèm mari saa. Jan.4 :28

Pou fini
Konyeya, ou wè ki moun ki fanm samaritenn nan. Se tout pechè ki swaf lapè, Sali ak jistis Bondye. Eske w vle resevwa mari sa nan kè w?

Kesyon
1. Ki lès nan de moun sa yo ki genyen lòt ? Fanm nan ou byen Jezi ? Tou de. Jezi genyen yon nanm, nam nan jwen Jezi, sovè l.

2. Montre ke Jezi pi bon pase tout lòt mari yo.
   a. Li sove nanm nou san lajan.
   b. Li bay nou la jistis, la jwa, la pè, lanmou ak Sali a gratis.
   c. Li genyen nanm nou san li pa fòse nou.

3. Ki sa nou jwen kòm rezilta lè moun nan sove?
   a. Jezi restore l, li mete l pami moun sove.
   b. Li pa bezwen fè anyen ankachèt ankò.
   c. Li kanpe pou rann temwayaj pou Bondye.
   d. Li renonse a vye vi li tap mennen ak lòt mari yo

4. Ki sa krich vle di? Vye pretèks pou sere sa nou pa vle moun konnen de vi nou.

Leson 9
Refomasyon Mezon Izrayèl la

Vèsè pou prepare leson an : Jenèz.12 :3 ; Ezekyèl 28 : 25-26. Matye.11 :28 ; 15 :24 ; Jan.3 : 16 ; 10 :16 ; 17 : 20 ; Travay.2 :39 ; Women.1 :16 ; Galat.3 :16

Vèsè pou li nan klas la : Matye. 11 :28-30

Vèsè pou resite: Vini jwenn mwen, nou tout ki bouke, nou tout ki anba chay, m'a soulaje nou. Mat.11 :28

Fason pou fè leson an: diskou, konparezon, kesyon

Bi leson an : Envite tout moun sou planèt la, san eksepsyon, pou yo resevwa Jezikri pou sovè yo.

Pou komanse

Jwif pat janm dakò ditou ak yon Mesi ki renmen payen yo tou. Men ki te plan Jezikri ?

I. Li te vle refòmen Mezon Izrayèl la.
1. Apre lanmò wa Salomon, wayom nan te fè de moso. Izrayèl kenbe dis tribi. Rès la rete pou Juda ak Benjamen. 1Roi.12 :10-24

2. An nou fè yon ti istwa :
   a. Bondye voye wayòm Izrayèl la nan esklavaj nan peyi Lasiri nan lane 722 avan Kris te vini. Jida menm te ale nan esklavaj anba men wa Babilòn nan nan lane 586 avan Jezikri te vini.
   b. Ezékyèl te bay yon pwofesi kotè tout douz nasyon yo pral rasanble pou vin yon sèl nayon ankò. Ezekyèl 28 : 25-26
   c. Jezi di ke se pou sa menm li vini, pou brebi Izrayèl yo ki te pèdi. Matye 15 :24

II. **Jezi wè tout nasyon nan plan Sali a.**
Tout nayson, ni Jwif, ni payen gen pou yo beni nan Abraram. Li te vle pale de li menm ki soti tou nan Abraram. Jenèz. 12 : 3 ; Galat.3:16 Vèsè nan Jan.3 :16 ak Women.1 :16 montre ke Kris te vini pou sove ni jwif, ni payen nan le monn antye. Konsa Kris voye Pyè preche Jwif yo e li voye Pòl preche payen alawonbadè.

III. **Jezi wè chak moun anpatikilye nan plan Sali.**
Li vin sove tout moun nan tout ras, tout klas, tout relijyon ak tout koulè. Matye 11 :28
1. Li rele yo « brebi ki poko antre nan patiraj li". Sa vle di, moun ki pa Jwif. Jan.10 :16
2. Li priye pou yo e pou moun ki pral chèche yo mennen bay li. Jan.17 :20
3. Pyè te byen konprann sa kant li te di : Pwomès la se pou ou menm Jwif, pou pitit ou e pou tout moun yo ki byen lwen pou tout kantite ke Senye ka rele pou vin jwen li. Tra. 2 :39

Pou fini
Tout moun ki pa konvèti se « yon fanm Samariten li ye ». Pa gen anyen nan vi sa ki kap pase swaf li. Sispan kache dèyè krich eskiz ak desepsyon ou yo. Pran Kris pou Senyè w ak sovè w. Sa plis ke refomasyon, sa se mondyalizasyon Pawòl la, pou tout moun. Vini bwè dlo Kris la gratis.

Kesyon

1. Ki sa Jwif yo pa vle tande menm nan zorèy yo ?
   Ke Jezi vini pou l sove payen yo tou.

2. Ki jan wayom David la te tounen apre li te mouri ?
   Li te divize an de.

3. Ki pwofèt ki te di ke wayòm nan ap tounen jan l te ye a? Pwofèt Ezekyèl.

4. Ki moun ki te prevwa Sali pou tout moun ? JeziKri

5. Ki jan li wè yo nan plan Sali a?
   a. Li wè moun nan tout ras, nan tou relijyon.
   b. Li priye pou yo e tout lòt yo ki gen pou vini.
   c. Yo tankou fanm samaritenn nan ki viktim anba plizyè mari e ki ap chèche delivrans.

Leson 10
Aksyon de gras

Vèsè pou prepare leson an: Egzòd 12 : 14-40 ; 23 : 16 ; Levitik 23 :1-8 ; Esdras 3 : 4-5 ; Ekl.3:1-4 ; Travay 2 : 1 ; Filipyen 4 :4 ; Kolosyen 3 :15
Vèsè pou li nan klas la : Lev.23 :1-8
Vèsè pou resite: Se pou nou toujou kontan nan lavi n'ap mennen ansanm nan Seyè a. M'ap repete l'ankò: Fè kè nou kontan anpil. Fil 4 : 4
Fason pou fè leson an: diskou, konparezon, esyon
Bi leson an : Pale de Thanksgiving tankou yon fèt tout moun ta dwe fete.

Pou komanse
Fèt Aksyon de gras la se pou di Bondye mèsi pou byenfè li yo. Se fèt tout moun. Ki jan li dwe fete?

I. **Tout dabò Bondye mande pèp li fè fèt.**
   1. Pou yo pa bliye sa Bondye fè pou yo.
      Egzòd. 12 : 14 ; Kolosyen.3 : 15

II. **Fèt sa nan Bib la :**
   1. Nan Ansyen Kontraa :
      Bondye mande pèp Izrayèl pou fete l toutan, pitit a la manmèl.
      a. Pou delivrans yo apre 430 lane nan esklavaj nan peyi Lejip, yo fete Pak. Egz. 12 :14 , 40
      b. Fèt pen san lèdven pandan 7 jou.
         Egz. 12 :17 ; 23 : 16
      c. Fèt mwason pou selebre rekòt Bondye bay yon an abondans. Egz. 23 : 16 ; 34 :22
      d. Fèt tabènak. Levitik 23 : 345
      e. Fèt Pantkòt. Travay.2 :1

2. Nan Nouvo Kontraa
   a. Kretyen yo fete Nowèl pou selebre jou Sovè nou an parèt sou planèt saa.
   b. Yo fete anivèsè delivrans yo anba peche jou fèt Pak la.
   c. Chak Dimanch kretyen yo fete rezireksyon Jezikri Sovè a.

III. **Fèt la se yon fèt sosyal**
   1. Li mobilize tout fanatik Bondye a.
   2. Yo rejwi, yo manje e yo bwè ansanm pou fè Bondye konpliman pou abondans yo jwen.
   3. Piske chak bagay fèt nan lè pa yo, fòk gen yon tan tou pou fete Bondye, paske li renmen nou fèt fèt pou li. Eklezyas. 3 :1-4

III. **Pouki rezon moun fè fèt?**
   1. Chak lane nou wè moun fete:
      a. Fèt nasyonal yo
      b. Anivèsè maryaj yo
      c. Anivèsè paran yo ak zanmi yo
   2. Ki kote yo aprann sa? Yo aprann sa de Bondye li menm ki te fè santiman saa antre nan la vi pèp li.
      a. Pa okipe moun ki engra ou ki mechan kap blamen yon fèt pou Bondye ou byen yon fèt anivèsè.
      b. Kite yo pou kont yo pou yo selebre pwoblèm yo, defèt yo ak divòs yo, anivèsè kout prizon yo.

c. Kanta ou menm, pran reskonsablite pou fete nesans ou, jou konvèsyon ou, jou viktwa ou yo.

d. Lapòt Pòl konseye nou pou nou rejwi tout tan nan Senyè a. Nou pa dwe pase tout vi nou ap jemi. Sentespri vle nou rete kontan. Filipyen 4 : 4

Pou fini

Se sa ki vle di fèt rekonessans. Eske w gen rekonesans?

Kesyon

1. Pouki sa nou fè fèt aksyon de gras la ?
   a. Se Bondye menm ki mande sa
   b. Se pou nou remèsye l pou byenfè li yo
   c. Se pou nou montre l ke nou rekonesan

2. Konbyen fèt pèp Izrayèl te konn fete?
   Fèt Pak, fèt Tabènak, fèt mwason, fèt Pankòt, Fèt pen san lèdven.

3. Ki fèt kretyen yo konn fete?
   Fèt Pak, fèt la bib, fèt rezireksyon Kris la, la mwason

4. Ki fèt sosyal nou fete? Fèt Nowèl, fèt manman ak papa, fèt anivèsè legliz nou, maryaj nou, pitit nou ak paran nou

5. Ki fèt poliltik nou fete ? Fèt drapo nou, endepandans nou ak fèt veteran yo

6. Pouki sa nou fè yo ?
   Pou montre rekonesans nou a moun ki te bay nou la vi, a moun ki te bay nou endepandans.

Leson 11
Fèt Bib la
Ki jan Bondye montre se li ki mèt tout bagay

Vèsè pou prepare leson an: Jenèz.1:1-12; Nonb. 20:7; 22: 1-41; 23:10; 1Wa.17:4-6; 1Samyel.16:14-15; Sòm.24:1-3; 34:8; 93:1; Zakari.3:1; Matye.21: 19; 28:19-20; Mak.4:39; 2Korent.12:7; Efezyen .6:11-13; Jan.11:43-44;Ebre.12: 7;1Pyè.3:18-19;5:8; Rev.12:10
Texte à lire en classe: Sòm.93:1-5
Vèsè pou resite : Se pou Seyè a tè a ye ansanm ak tou sa ki sou li. Se pou Seyè a lemonn antye ansanm ak tou sa k'ap viv ladan l'. Sòm.24:1
Fason pou fè leson an: diskou, kesyon
Bi leson an: Montre Bondye ki fè sa l pi pito nan kreyasyon an

Pou komanse
Bondye se mèt planèt la. Se sa bib la di : Latè ak tout sa ki ladan, se byen Letènèl yo ye: Sòm.24 :1

I. **Bondye gen dwa jantimèt jantimètrès sou yo.**
I. Men dwa li sou lòm ak tout sa nou kap wè :
1. Li pale ak ni vivan, ni mò.
   Jan.11: 43-44; 1Pye.3:18-19
2. Li pale ak plant yo.
   Jenèz.1:11-12; Matye.21: 19
3. Li pale ak bèt yo, ak nati a tou.
   a. Li pale ak pwason. Jenèz.1 :22 ; Jonas.2 :11
   b. Li pale ak yon bourik. Nonb. 22 :28
   c. Li pale ak yon kòbo. 1Wa.17 :4-6
   d. Li pale ak yon wòch. Nonb.20 :7
   e. Li pale ak lanmèa. Mak.4 :39

4. Li kontwole grandi ni lòm, ni plant yo, ni bèt yo ak tout rèsous li mete nan nati a pou byen nou. Sòm.93 :1

II. **Li gen dwa sou monn envisib la**
Menm si Satan ap aji nan moun ki rebèl yo. Efezyen.2 :2
Menm si l'ap akize nou, **fè wonn nou**, pou l devore nou, Lanj Letènèl la li **kanpe toutotou nou**, li pap fè yon pa.
Zach.3: 1 ; 1Pyè.5 :8; Revelasyon.12 :10

III. **Pouki sa Bondye kontwole monn envisib la ?**
1. Paske se li menm ki Papa tout espri, ni bon ni mechan. Efezyen. 6 : 12 ; Ebre.12 :9
   a. Sonje li te voye yon move zespri sou wa Sayil.1Samyèl.16 :14-15
   b. Li kontwole bòkò Balaram ki te vle dejwe pèp Izrayèl la. Nonb.22 :12
2. Paske li vle mete planèt la sou kontwòl nou. Konsa li kontwole ond envisibl yo.
   a. Monn nan tounen yon gwo plòt fil ke nou pa wè, ke yo rele onn ki gen leman ladan:
   b. Entènèt nou, sistè m telekominikasyon nou an, yo tout sou kont monn envisib la ki sou kontwòl Bondye. Li sèvi ak yo pou Levanjil la kap ale tou patou. Mat. 28 :19-20

Pou fini
Menm si Satan rebèl, li konnen ke li dwe soumèt li a Bondye ki papa tout espri. E ou menm ? A ki lès ou soumèt ou?

Kesyon

1. Montre ke se Bondye kap gouvènen tout bagay nan nati a.
   a. Li pale ak moun, ak plant yo ak zannimo yo.
   b. Li fè yo grandi, li soutni yo

2. Konbyen monn ou konnen ki genyen?
   Yon monn vizib ak yonn monn envizib.

3. Ki lès ki abite nan monn envisib la ? Satan, onn ki gen leman yo, onn mayetik.

4. Ki jan nou konprann Bondye voye yon move zespri sou wa Sayil?
   a. Bondye itilize Satan jan ki fè l plezi.
   b. Se li menm ki mèt Satan.

5. Ki avantaj nou gen sou Satan le Dyab?
   Pandan li ap fè wonn nou, Anj Letènèl kanpe toutotou nou.

Leson 12
Kat (4) tablo pou jou Nowèl la

Vèsè pou prepare leson an : Ezayi.9 :1-6 ; 53 :1-7 ; Miche.5 :1 ; Zakari.9 :9 ; Matye.2 ; 10-11 ; Lik.2 :1-15
Vèsè pou li nan klas la : Lik.2 :1-7
Vèsè pou resite: Nou gen yon ti pitit ki fenk fèt. Bondye ban nou yon gason. Se li menm ki pral chèf nou. Y'a rele l': Bon konseye k'ap fè bèl bagay la, Bondye ki gen tout pouvwa a, Papa ki la pou tout tan an, Wa k'ap bay kè poze a!. Eza.9 :6
Fason pou fè leson an: diskou, konparezon, kesyon
Bi leson an : Pou nou wè plizye jan moun kap konsidere fèt Nowèl la.

Pou komanse
Vini Jezi sou tè sa denonse tout sekrè nan kè lòm.
Tou dabò :

I. **Kote sosyal ak politik la**
Lanperè Seza Ogis bay lòd pou tout moun antre nan peyi kote yo te fèt la pou resansman Lik.2 :1-7
1. Konsa, moun ki kite peyi a depi lontan, yo chèche otèl pou yo dòmi. Peyi a boure ak touris.
   a. Se te nan lè saa, Jezi fèt. Pèson pat sou bò l. Se depi lè sa tou, tout moun ap di moun pa yo Bòn fèt, yo bay yo kado onon de fèt Jezi yo pa bay.

II. **Kote pwofetik la**
1. Li gen pou l vini tankou Mesi a nan glwa li.
   Eza.9 :5; Zach.9:9
   Pwofèt Miche di ke l'ap fèt Betleyèm.
   Mich.5 :1

2. Ezayi di « li gen pou l soufri ». Eza.53 :1-7

III. **Kote mistik la**
1. Se yon anj nan syèl la ki te vin bay bèje yo nouvèl la ak adrès kote Jezi ye. Konsa ou mèt pre verite a, men se Bondye ki pou revele w li. Lik.2 :8-15
2. Yon kòlonn anj te vin onore Jezi wa yo, paske li te kite syèl la, men li pat pèdi pouvwa l. Li mèt planèt, li abiye jan l vle pou vizite l.

IV. **Ki bagay ki fè nou reflechi.** Mat. 2 : 10-11
1. Se jan de moun ki te vin adore l :
   a. Bèje yo se senbòl klas mwayen a.
   b. Maj yo vle se senbòl moun save yo. Yo pote Bèl ofrann yo:
   Lò vle di Senyè a se wa pou onore.
   Lansan vle di: Senyè a se Bondye pou adore.
   Mir nan vle di soufrans Senye a pral sibi.
2. Bò kote pa Jezi
   Li chwazi kote ki pi senp la pou l fè la desann; konsa pa gen eskiz pou w ta di ou pa pral wè l. Lik.2:12

Pou fini
An nou fè yon jan non, frè m yo! Nou kap fè pi byen pase Maj yo. Pandan n ap bay ofrann ak lwanj nou, an nou sonje bay li vi nou tou depi kounyeya.

Kesyon

1. Di nou 4 fason moun kap wè fèt Nowèl la
   Yon fason, sosyal ak politik, yon fason pwofetik, yon fason mistik ak yon fason èspirityèl
2. Ki kote zafè fè kado sou tèt Jezi a soti? Depi menm jou Lanperè Seza te odonen resansman an
3. Ki moun ki te bay bèje yo adrès kote Jezi fè ladesann? Yon Anj
4. Pouki sa te gen yon kòlonn anj soti nan syèl la pou vin adore Jezi?
   Li te kite syèl la men li pat kite pouvwa l
5. Kisa maj yo mete nan tèt nou?
   a. Pou nou bay ofrann nou ansanm ak lwanj pou Senyè a
   b. Pou nou bay li vi nou a kote ofrann materyèl nou.

Lis vèsè yo

1. Vini wè yon nom ki dim tou sam fè! Eske nou pa kwè se Kris la? Jan.4 :29

2. Sa ki te rive anvan, se sa ki va rive apre. Sa yo te fè anvan an, se sa y'ap toujou fè. Pa gen anyen ki chanje sou latè beni. Eklezyas.1 : 9

3. M'ap fè lwanj ou, paske ou pa manke fè bèl bagay. Tou sa ou fè se bèl bagay. Mwen konn sa byen. Sòm.139 :14

4. Se poutèt sa, men sa m'ap di nou: Kite Lespri Bondye dirije lavi nou. Pa obeyi egzijans kò a. Galat.5 :16

5. Paske, renmen lajan fè moun fè tout kalite bagay ki mal. Gen moun ki sitèlman anvi gen lajan, yo pèdi chemen lafwa a nèt: se pa de ti soufrans ki tonbe sou yo. 1Timote.6 : 10

6. Se pou nou koute yo, se pou nou fè tou sa yo di nou fè. Men, pa fè tankou yo. Paske yo menm, yo pa fè sa yo di nou fè. Matye. 23 : 3

7. Nou menm, moun Samari, nou pa konnen sa n'ap sèvi a. Nou menm jwif, nou konnen sa n'ap sèvi a, paske moun k'ap vin pou sove a, se nan mitan jwif yo l'ap soti. Jan.4 :22

8. Vini wè yon nonm ki di m' tou sa m' fè. Eske nou pa kwè se Kris la? Jan.4 :29

9. Vini jwenn mwen, nou tout ki bouke, nou tout ki anba chay, m'a soulaje nou.Mat .11 :28

10. Se pou nou toujou kontan nan lavi n'ap mennen ansanm nan Seyè a. M'ap repete l'ankò: Fè kè nou kontan anpil. Fil 4 : 4

11. Se pou Seyè a tè a ye ansanm ak tou sa ki sou li. Se pou Seyè a lemonn antye ansanm ak tou sa k'ap viv ladan l'. Sòm.24:1

12. Nou gen yon ti pitit ki fenk fèt. Bondye ban nou yon gason. Se li menm ki pral chèf nou. Y'a rele l': Bon konseye k'ap fè bèl bagay la, Bondye ki gen tout pouvwa a, Papa ki la pou tout tan an, Wa k'ap bay kè poze a!. Eza.9 :6

Evalyasyon Pèsonèl

1. Ki pwen nan 12 leson yo ki te pi touche w ?
   _____

2. Ki sa ou jwen nan li
   a. Pou tèt pa w ?
   _____
   b. Pou fanmiy w ?
   _____
   c. Pou Legliz w ?
   _____
   d. Pou peyi w ?
   _____

3. Ki desizyon ou vle pran imedyatman apre klas la ?
   _____

4. Men sijesyon, mwen (Untel), mwen genyen pou Lekòl dimanch nan Legliz mwen:
   a._____
   b._____
   c._____

5. Kesyon pou w reponn a tèt ou sèlman
   a. Ki sa mwen vo pou Legliz la depi mwen la ?
   b. Ki sa mwen vle fè pou li vin pi miyò ?
   c. Si Jezi vini kounyeya, eske m pap wont akòz jan de fwi yo mwen kap prezante l ?

Lis sijè yo

Dife 14-Seri 1   1

Lanmou pou kretyen san mezi 4
Avangou 5
Leson 1 Lanmou pou kretyen se yon pati nan lanmou Bondye 6
Leson 2 Lanmou kretyen nou montre nan sa nou bay 9
Leson 3 Lanmou kretyen se yon sous padon ki pap dwe tari 12
Leson 4 Lanmou kretyen, yon koneksyon espirityèl 15
Leson 5 Lanmou kretyen, se yon festen an pèmanans 18
Leson 6 Lanmou kretyen an yon revèy ki mande sakrifis 21
Leson 7 Lanmou fratènèl se pi gwo prèv konvèsyon 24
Leson 8 Lanmou fratènèl fè repitasyon yon fanmiy. 27
Leson 9 Lanmou fratènèl se yon okazyon pou w vin sen 30
Leson 10 Lwa lanmou an 33
Leson 11   Lanmou nan maryaj 36
Leson 12   Lanmou ki transmèt andirèk 40
Lis vèsè yo 43
Evalyasyon Pèsonèl 45

Dife 14- Seri 2 46

Petwòs ak Petra 46

Avangou 47

Leson 1 Lanbisyon apòt Pyè 48

Leson 2 Anbisyon Pyè a avòte 51

Leson 3 Jis ki kote fòs Pyè te rive 54

Leson 4 Chit Petwòs 57

Leson 5 Pyè, pral peche moun 60

Leson 6 Pyè anba mato pèsekisyon 63

Leson 7 Pyè, defansè Levanjil la 67

Leson 8 Jezi, wòch moun pa kap bouje a 70

Leson 9 Set (7) aspè soufrans dapre apòt Pyè 73

Leson 10 Pyè ak sa ki sekrè nan wayom nan 76

Leson 11 Fèt manman yo 79

Leson 12 Fèt papa yo 82

Lis vèsè yo 84

Evalyasyon Pèsonèl 86

Dife 14-Seri 3 87

Gwo Sekrè Yo Nan Sòm 23 87

Avangou 88

Leson 1 Bèje wa David la 89

Leson 2 Mwen pap janm manke anyen 92

Leson 3 Gadò a dwe konnen mouton yo 95

Leson 4 Bon laswenyaj bèje bay mouton pou kont li 98

Leson 5 Kote zèb yo pi bèl se la li fè m pran repo . 101

Leson 6 Li mennen m bwè kote dlo a koule pi fre.. 104

Leson 7 Li kondi m nan chemen Jistis la............... 107

Leson 8 Li avè m lè lanmò vin frape m 110

Leson 9 Li gen yon gòl long ak yon baton pou ban nou sekirite................ 113

Leson 10 Li bay advèsè m yo defi............ 116

Leson 11 Bweson nan godèt mwen ap debòde pandan wap kwafe m 119

Leson 12 Desizyon salmis la 122

Lis vèsè yo 124

Evalyasyon Pèsonèl............... 126

Dife 14- Séri 4 127

Setyèm mari 127

Fanm Samaritenn nan............... 127

Avangou 128

Leson 1 Premye mari fanm Samaritenn nan rele : Pale Manti............... 129

Leson 2 Dezyèm mari l rele : Vanité............... 132

Leson 3 Eske nou kap repwoche yon moun paske l gen talan? 135

Leson 4 Twazyèm mari fanm nan rele : Plezi lachè.... 138

Leson 5   Katryèm mari fanm nan rele : Lajan ... 141

Leson 6 Senkyèm mari fanm nan rele: Ipokrizi 144

Leson 7   Sizyèm mari fanm nan rele : Relijyon 147

Leson 8   Setyèm mari fanm nan rele: Jezi-Kri .. 150

Leson 9   Refomasyon Mezon Izrayèl la 152

Leson 10   Aksyon de gras 155

Leson 11   Fèt Bib la 159

Ki jan Bondye montre se li ki mèt tout bagay 159

Leson 12 Kat (4) fasad nan jou Nowèl la 162

Lis vèsè yo 165

Evalyasyon Pèsonèl 167

Ti detay sou vi Pastè Renaut Pierre-Louis

Pastè nan Legliz Batis Saint Raphael,
1969
Diplômen nan Teoloji nan Seminè Batis Limbe,
1970
Diplômen nan Lekòl kontablite Julien Craan   1972
Pwofesè Angle ak Panyòl nan Collège Pratique
1972
du Nord au Cap-Haitien,
Pastè nan Premye Legliz Batis nan Cap-Haitien,
1972
Pastè nan Legliz Batis Redford, Cité Sainte   1976
Philomène,
Diplômen nan Lekòl Avoka au Cap-Haitien
Fondatè Collège Redford ak l'Ecole
Professionnelle ESVOTEC,   1980
Pastè Legliz Batis Emmaüs à Fort Lauderdale   1994
Pastè nan Legliz Batis Péniel à Fort Lauderdale 1996
Pastè pandan karantswitan (48), Avoka, Poèt,
Ekriven, Konpozitè Teyat, li jwe teyat
Jodia sèvitè Bondye sa pote pou nou «**Dife Zen An**».
Se yon liv pou enstri nou. Li gen gwo koze nan teoloji
ladan. Li déjà fè gwo chanjman nan fason pou anseye
nan Lekòl Dimanch e nan fason pou nou prezante
mesaj Pawòl Bondye a.
Pastè yo, predikatè yo, monitè yo, kretyen ki gen zye
klere yo, tanpri, pran "**Dife Zen An**". Kan w fini,
pase l bay yon lòt. 2 Tim. 2:2

Pastè Renaut Pierre-Louis

www.ingramcontent.com/pod-product-compliance
Lightning Source LLC
Chambersburg PA
CBHW071624080526
44588CB00010B/1260